D1411580

Druck von Trömner & Dietrich (früher Hotop) in Caffel.

Zwölftes Kapitel.

Mein Vater hatte die Absicht, mich bis zum Ende meines vierzehnten Jahres in der Schule, und damit volle drei Jahre in der ersten Klasse zu lassen, was sonst nicht üblich war. Man wußte aber nicht recht, wie man mich, wenn ich früher die Schule verließe, angemessen beschäftigen sollte, und da Herr Ulrich mir und einer meiner Mitschülerinnen, bei dem früher erwähnten vortrefflichen Sprachlehrer Herrn Motherby, innerhalb der Schulstunden noch einen besondern Unterricht im Französischen, namentlich in der Conversation ertheilen ließ, und ich inzwischen auch eine große Lust zu feinen Handarbeiten bekommen hatte, die wir in der Schule erlernten, so war es gewiß das Beste, mich ruhig an den Repetitionen der Klasse meinen Theil nehmen zu lassen, während ich dabei

Meine Lebensgeschichte: Von Fanny Lewald, Volume 1, Issue 2

Fanny Lewald

noch Handarbeit und Französisch lernte, und die allge=
meine Förderung genoß, welche der Unterricht des
Herrn von Tippelskirch uns gewährte.

Aber schon nach Ablauf des zweiten Jahres ver=
breitete sich das Gerücht, Herr Ulrich werde die Schule
aufgeben. Man sagte, die ungünstigen Handelsjahre
hätten Königsberg's Wohlstand heruntergebracht, die
Kaufmannsfamilien wären nicht mehr im Stande, die
hohen Schul= und Pensionsgelder zu zahlen, an welche
Herr Ulrich gewöhnt war, und die er thatsächlich auch
zur Erhaltung der Anstalt in seiner Weise brauchte;
dazu hätten sich die Gymnasien und die städtische
Mädchenschule sehr gehoben, und das Bedürfniß einer
Privatanstalt sei daher nicht mehr in der frühern Art
vorhanden. Wir Schulkinder glaubten aber gar nicht
an eine solche Möglichkeit, denn Alles ging in der
Schule ruhig seinen Weg, bis etwa im Juli des
Jahres achtzehnhundert vier und zwanzig, Herr Ulrich
den Eltern seiner Schüler die Anzeige zugehen ließ,
daß er mit dem Schluß des Sommersemesters, also
Mitte September, seine Anstalt auflösen, und selbst nach
Memel übersiedeln werde, wo man ihn zur Begrün=
dung eines neuen Institutes für Mädchenerziehung auf=
gefordert habe.

Ich war wie aus den Wolken gefallen bei dieser Nachricht. Der Untergang der preußischen Monarchie hätte mir lange nicht den erschreckenden Eindruck hervorgebracht, als der Untergang unserer, meiner Schule. Mein ganzes Denken und Sein war mit ihr verknüpft, ich konnte mir kaum eine Vorstellung von dem Zustande machen, der für mich mit dem Austritt aus der Schule anheben mußte, und es war mir, als thue sich eine Wüste, als thue sich die unendliche Ferne vor mir auf, wenn ich mir die Tage und Monate und Jahre ohne mein gewohntes Streben, ohne meine gewohnte Beschäftigung auszumalen versuchte.

Sonst, wenn meine ältern Mitschülerinnen von der Klasse aus den Konfirmandenunterricht besuchten, und dann die Schule verließen, um als erwachsene Mädchen zu Hause in ihren Familien zu bleiben, hatte ich mir wohl auch gewünscht, erwachsen zu sein, und gemeint, auf Ostern nächsten Jahres, nach meinem vierzehnten Geburtstag, da würde es sich mit dem Erwachsensein für mich schon finden, wenngleich die andern Mädchen erst ein Paar Jahre später dazu gelangt waren. Aber nun mitten im Schuljahr, so viele Monate vor meinem vierzehnten Geburtstag, konnte das Alles gar nicht gehen; und es waren vielleicht nur wenig Kinder in der Anstalt, welche den Entschluß des Direktors, so wie ich, als ein wirkliches Unglück für sich betrachteten.

Die Paar Wochen bis zum Schluß der Schule vergingen wie im Fluge. Der Lehrer wie der Schüler hatte sich ein erhöhter Eifer bemächtigt, und ohne zu wissen, wie uns eigentlich geschehen war, standen wir plötzlich an dem Trennungstage, zu welchem eine kleine Feierlichkeit veranstaltet worden war. Es wurde ein kurzer Gottesdienst von dem Prediger Ebel gehalten, ich und eine meiner Mitschülerinnen überreichten dem scheidenden Direktor ein Paar silberne Fruchtkörbe, wozu wir einige, von Ebel für uns aufgesetzte, ziemlich geschmacklose Worte hersagten. Herr Ulrich entließ uns mit einer aus dem Herzen kommenden Ansprache, die uns auf das Tiefste erschütterte, weil er selbst tief erschüttert war; Lehrer und Schüler, Alles weinte, Alles umarmte sich, Alles nahm Abschied, und ich kam traurig und in Thränen nach Hause. Ich wußte nicht, wie ich ohne Herrn Ulrich, und namentlich ohne den von mir so verehrten Herrn von Tippelskirch würde leben können.

Mit einem nicht zu beschreibenden Gefühle der Verlassenheit und der Vereinsamung packte ich meine Hefte und Bücher in ein Schränkchen ein. Ich nahm

Abschied von jedem Blatte, das ich aus der Hand
legte, und eine Stimme in meinem Innern, die mir
immer wieder die Thränen in die Augen lockte, sagte
mir fortdauernd: jetzt ist Deine glückliche Kindheit vorbei! — Ich kam mir ununterrichtet, unfertig vor, wie
nie zuvor, ich las die Unterschriften unter meinen ältesten Arbeiten, als stecke die größte Weisheit darin,
ich holte alle Paar Stunden mein Stammbuch hervor,
um mich an den Zeilen zu erfreuen, welche meine
Lehrer mir eingeschrieben hatten, und mit einemmale,
am zweiten, dritten Tage, nachdem ich die Schule verlassen, kam mir aus dem Erinnerungsblatte, welches
Herr Motherby mir gegeben hatte, ein Gedanke, und
damit auch ein Trost. Es lautete: Tâcher de défaire notre esprit de l'erreur, notre coeur de
l'égoisme, voilà la grande tâche de notre vie,
voilà le but de toute éducation, de cette éducation de nous même qui commence quand nos
instituteurs nous quittent, quand la main de ceux
qui ont veillé sur notre enfance ne nous guide
plus!

Ich wollte das befolgen, ich wollte an mir selber
arbeiten, und vor Allem: ich wollte den Egoismus ablegen, mit welchem ich die beiden Tage hindurch mich

immer nur gefragt hatte, was ich denn jetzt beginnen solle, statt mich an das Nächste zu halten und im Hause nachzuhören, wo ich helfen und der Mutter nützlich werden könne. Je weniger diese Art der Dienstleistung mir selbst genehm sei, um so besser! Das sollte der erste Akt der Selbstüberwindung werden, von welcher Herr Motherby gesprochen hatte, und da die Jugend opferfreudig ist, fand ich eine Beruhigung in meinem gefaßten Vorsatze.

Die Eltern hatten übrigens meinen Austritt aus der Schule, grade so wie ich, als einen Lebensabschnitt angesehen. Sie hatten mir gesagt, ich sei jetzt kein Kind mehr, und da ich bisher alle meine Zeit ausschließlich für mich verwendet, so sei es nun doppelt meine Pflicht, sie für Andere zu verwerthen. Ich war auch sehr bereit dazu, nur daß Niemand recht wußte, was ich eigentlich thun sollte. Die Paar kleinen Geschäfte, welche meine Mutter mir übertrug, füllten den Tag nicht aus. In den häuslichen Handarbeiten besaß ich noch nicht jene Gewandtheit, welche sie für den Haushalt ersprießlich macht, denn ich arbeitete noch ängstlich und langsam; das, was also zuerst in Angriff genommen werden sollte, war natürlich wieder die Musik, und da ich immer darüber klagte, daß ich

nicht verstände was ich spielte, daß ich von der Musik
die Regeln kennen möchte, wie ich sie von den Sprachen
kenne, so erhielt ich die Erlaubniß an einem Musik-
unterricht Theil zu nehmen, welcher von einem Herrn
von Zivet nach Logiers Methode in einer Art Musik-
schule ertheilt wurde. Ich hatte gehofft, dabei Generalbaß zu lernen, es hatte aber, was ich hier gleich bemerken will, mit der ganzen Schule nicht viel
auf sich, und nachdem ich sie den Winter hindurch
zweimal in der Woche besucht hatte, wurde die Sache
aufgegeben. Die ganze Schule löste sich auch bald
nachher wieder auf, und der Lehrer entfernte sich
plötzlich, wie er gekommen war.

Die ersten Paar Wochen, nach dem Verlassen der
Schule, gingen mit allerlei Versuchsbeschäftigungen
hin. Die Mutter wußte mich nicht recht zu verwenden,
ich trieb mich also ziemlich planlos in den Stuben um-
her, bis ich irgend ein Buch erwischte, und mich in
einen Winkel hinsetzte, um zu lesen. Das lag jedoch
gar nicht in meines Vaters Absichten, und eines schönen
Morgens, kurz vor dem ersten Oktober, überraschte er
mich mit folgendem von ihm selbst aufgesetzten Stundenplan, den ich seitdem oft mit lächelnder Rührung betrachtet habe, und den ich der Originalität wegen hersetze:

Stundenzettel

für

Fanny Marcus.

entworfen Ende September, gültig bis zur veränderten Jahreszeit und bis andere Lehrstunden eintreten.

Allgemeine Bestimmung:
Des Morgens wird spätestens um 7 Uhr aufgestanden, damit um 7½ Uhr das Ankleiden völlig beendigt sei.

Montag

von 8—9 Clavierstunde. Uebung neuer Stücke.

" 9—12 Handarbeit, gewöhnliches Nähen und Stricken.

" 12—1 Nachlesen der alten Lehrbücher, als: Französisch, Geographie, Geschichte, Deutsch, Grammatik u. s. w.

" 1—2½ Erholung und Mittagessen.

" 2½—5 Uhr Handarbeit gleich oben.

" 5—6 Uhr Clavierstunde bei Herrn Thomas.

Sonntag wird völlig der Bestimmung von Fanny anheimgestellt, mit Ausnahme der Clavierübung von 8—9 Uhr;

von 6—7 Uhr Schreibeübung.

Dienstag

" 8—9 Uhr Uebung neuer Clavierstücke.

" 9—10 häusliche Handarbeit.

" 10—12 Unterricht im Generalbaß.

" 12—1 gleich Montag.

" 1—2½ dito.

" 2—5 dito.

" 5—6 Uebung alter Clavierstücke.

" 6—7 Schreibeübung wie Montag.

Mittwoch

gleich Montag; von 5—6 Uhr Uebung der alten Musikstücke am Clavier.

Donnerstag, Freitag und Sonnabend gleich den drei ersten Wochentagen.

jedoch müssen die wöchentlich unnöthig versäumten Lektionen nachgeholt, und die Stunden, welche am Clavier durch Ausgehen oder durch Besuche versäumt worden, genau ersetzt werden.

Fanny wird durch pünktliche Erfüllung dieses Stundenzettels und durch sonstiges gutes Betragen sich bemühen, ihren Eltern den Beweis zu geben, daß sie würdig sei, noch anderweitigen Unterricht zu erhalten, und von ihrem Vater für ihre Erholungsstunden gute Lesebücher zu bekommen.

Besuch außer dem Hause wird wöchentlich einmal, und nur ausnahmsweise zweimal stattfinden.

Diese Anordnung mit ihrer befehlenden Kürze, erschien mir weder auffallend, noch hart. Ich war von Kindheit auf an eine sehr bestimmte Zeiteintheilung und Zucht gewöhnt, und ich bin gewiß, daß der Stundenzettel meiner Mutter ebenso wie mir eine Erleichterung gewährte. Er nahm ihr die Sorge, was sie mich thun lassen solle, und enthob mich dem Unbehagen, das in mir durch ihre wechselnden Versuche mich zu beschäftigen, erzeugt worden war. Aber langweilig wurde dieser Winter mir im höchsten Grade.

Fünf Stunden an jedem Tag saß ich in der Wohnstube, an einem bestimmten Platz am Fenster, und erlernte Strümpfe zu stopfen, Wäsche auszubessern, und beim Schneidern und andern Arbeiten Hand anzulegen. Zwei Stunden brachte ich am Clavier zu, eine Stunde langweilte ich mich mit dem Inhalt meiner alten Schul-

bücher, den ich damals von A bis Z auswendig konnte,
eine andere Stunde schrieb ich Gedichte zur Uebung
meiner Handschrift ab. Dazwischen ging ich Gänge aus
der Küche in die Speisekammer, und aus der Wohn=
stube in die Kinderstube, beaufsichtigte ab und zu die
drei jüngsten Geschwister, und hatte am Abende das
niederschlagende Gefühl, den Tag über nichts Rechtes
gethan zu haben, und einen brennenden Neid auf meine
Brüder, welche ruhig in ihr Gymnasium gingen, ruhig
ihre Lektionen machten, und an denen also lange nicht
so viel herumerzogen werden konnte, als an mir. Ihr
ganzes Dasein erschien mir vornehmer als das meine,
und mit der Sehnsucht nach der Schule regte sich in
mir das Verlangen, womöglich Lehrerin zu werden, und
so zu einem Lebensberuf zu kommen, bei dem mich
nicht immer der Gedanke plagte, daß ich meine Zeit
unnütz hinbringen müsse.

Diese Ideen gegen meine Eltern auszusprechen hätte
ich aber nicht gewagt, denn sie würden darin eine Be=
stätigung für die alte Ansicht meiner Mutter gefunden
haben, daß mir der rechte weibliche Sinn für die Häus=
lichkeit und für die Familie fehle, daß ich viel mehr
Verstand als Herz hätte, und daß meine Neigung für
geistige Beschäftigungen ein Unglück für mich wie für

sie sei. Hätte sie diese Ansicht nur wirklich festgehalten, so wäre für mich damit fertig zu werden gewesen. Indeß wenn sie mir heute diese Vorwürfe gemacht hatte, so bezeigte sie morgen wieder die alte große Freude über meine Begabung und mein Wissen; und wenn mein Vater, der ihrer sonstigen Beobachtungsgabe mit Recht großes Zutrauen schenkte, nun in Folge ihres Urtheils, mich mit seiner etwas gewaltthätigen Consequenz häuslich und weiblich machen wollte, so war es grade im Gegentheil meine Mutter, die von Mitleid bewegt, mir wieder Etwas mehr Freiheit zu verschaffen suchte. Ich war wirklich in diesem Winter sehr übel daran, und habe doch keinen von meinen Eltern deshalb anzuklagen, denn sie handelten Beide aus Liebe zu mir und nach ihrem besten Wissen. Meine Mutter hatte keinerlei Bewußtsein von der Eifersucht, welche sie gegen meine ganze Entwicklung fühlte und meinem Vater lag der Gedanke, eine solche Eifersucht in der Mutter vorauszusetzen, noch viel ferner. Ja ich selbst erkannte damals diese Schwäche meiner Mutter nicht. Ich glaubte aus allerlei unvernünftigen Gründen, mich wie schon gesagt von ihr weniger geliebt als meine andern Geschwister, und das machte das Uebel nicht geringer. Kurzsichtig, wie man es in den Familien meist für die Ursache der Mißstände ist, welche sich unter ihren Mitglie-

dern entwickeln, errieth Niemand, was eigentlich meine
Mutter und mich nie zu dem richtigen Verhältniß kommen
ließ. Als viele Jahre später mein Vater diese Einsicht ge=
wann, sind doch alle Uebrigen der Ansicht geblieben,
daß die Schuld nur an mir gelegen habe, und Keiner
hat es einsehen wollen, wie viel Unrecht, wie viel em=
pfindliche Verletzungen ich von der Mutter, ohne ihr
Wissen und Wollen, grade in den Jahren erduldet
habe, in denen mein Herz noch so weich, meine Wider=
standsfähigkeit so gering war, daß ich mich über Nichts
mündlich auszusprechen, geschweige denn über mich Er=
klärungen zu machen, oder gar mich gegen irgend ein mir
zugefügtes seelisches Leid zu wehren verstanden hätte.
Man kann gegen die Jugend in diesem Punkte nicht
vorsichtig genug sein. Sie ist verwundbarer, je em=
pfänglicher und je wehrloser sie ist; und jede Herzens=
verletzung drängt sie in sich selbst zurück, gewöhnt sie
an ein einsames Innenleben, das für gewisse Naturen
sehr bedenklich werden kann, wenn schon es für kräftige
Seelen zum Heil ausschlägt. Was es übrigens mit
der Eifersucht von Eltern gegen die größere Bildung der
Kinder auf sich hat — einem Mißverhältniß, das sich
häufiger wiederholt, als man es gewahr wird — das
habe ich später in einem meiner Romane, in den Wand=

lungen, an den Figuren des alten Brand und seines
Sohnes poetisch darzustellen unternommen.

Aber nicht allein zu meiner Mutter, auch zu meinen
Geschwistern hatte ich grade in jenem Zeitpunkte das
alte frohe Kindheitsverhältniß nicht mehr. Mädchen ent=
wickeln sich im Allgemeinen viel früher als Knaben,
ich war noch schneller als gewöhnlich vorgeschritten, und
also den beiden zehn= und zwölfjährigen Brüdern, wie
der achtjährigen Schwester völlig entwachsen. Im Hause
machten die andern drei kleinen Schwestern der Mutter
viel Noth und Arbeit, und es stand ihr ein zehntes Wo=
chenbett bevor. Ihre Gesundheit war sehr schwach, und
obschon sie trotz aller dieser Mühen und Beschwerden
mir grade in diesem Winter eine Tanzstunde arrangirte,
die abwechselnd bei uns und bei den Eltern der drei
andern Mädchen gehalten wurde, welche den Unterricht
mit mir gemeinsam nahmen, so empfand ich doch den
Druck der Sorge, die auf dem Hause lastete, nur all=
zuschwer. Aber auch von dieser Einsicht getraute ich
mir nicht zu sprechen, und ohne die zärtliche Freund=
schaft, welche ich damals für eine meiner frühern Mit=
schülerinnen hegte, wäre ich in jener Zeit wirklich recht
unglücklich gewesen.

Ich hatte diese Freundin bald nach meinem Eintritt

in die zweite Klasse gewonnen. Wir waren fast vier
Jahre in der Schule zusammengeblieben, und haben
durch unsere ganze Jugend mit der größten Liebe an-
einander gehangen, bis später unsere verschiedenen religiösen Ueberzeugungen uns allmählich von einander
entfernten.

Mathilde war die jüngste Tochter eines Major von
D., und drei Jahre älter als ich. Sie hatte den Vater in ihrer ersten Kindheit verloren. Ihre Mutter,
eine Frau von vortrefflichem Charakter und von einer
männlichen Grabheit und Wahrhaftigkeit, hatte eine
Stelle in einem der Königsberger Frauenstifte. Sie
lebte von einer mäßigen Pension und von den Zinsen
eines kleinen Vermögens. Auch sie hielt sich, wie ihre
älteste Tochter, die ebenfalls in dem Stifte lebte und
eine unserer Lehrerinnen in der Schule gewesen war, zu
der Ebelschen Gemeinde, aber eine gewisse Kernhaftig-
keit ihrer Natur bewahrte sie vor der weichlichen Weise
seiner übrigen Anhänger. Ihr frischer Sinn blieb mit
dem Leben und mit der Außenwelt immer vorurtheillos
in Verbindung, und selbst ihre Vorliebe für die schöne
Literatur, soweit diese die Lieblingsdichter ihrer Jugend, Schiller, Bürger und — Philippine Gatterer betraf,
war durch ihre spätere religiöse Richtung nicht beein-

trächtigt worden. Sie beschäftigte sich viel mit der
Bibel und mit Erbauungsschriften, aber sie versagte es
sich nicht, dann und wann einmal ihr Lieblingsstück
„Kabale und Liebe" sehen zu gehen, und wenn sie auch
im Gesangbuch gelesen hatte, hörte sie es gern mit an,
daß wir ihr diejenigen Schillerschen oder sonstigen Gedichte vorlasen, die unserer damaligen Entwicklung und
unserm Hange für das Sentimale und Pathetische angemessen waren.

Mathilde stand im dreizehnten Jahre, als ich sie
kennen lernte. Sie hatte früher eine andere Schule
besucht, und weil das Lernen damals nicht ihre stärkste
Neigung war, fiel es ihr trotz ihrer glücklichen Anlagen
Anfangs schwer, sich in die Disciplin und in den Ernst
unserer Anstalt zu schicken. Voller Güte, voller Frohsinn, immer zum Lachen aufgelegt, mußte sie mit ihrer
frühentwickelten Wohlgestalt, mit ihren großen Augen,
mit dem prächtigen hellbraunen Haar, das vor lauter
Gelock sich in keine übliche Frisur einfangen lassen wollte,
den Eindruck eines eben so reizenden als liebenswürdi-
gen Mädchens machen. Ihre ganze Figur, ihre Hände
und Arme waren schön, ihre Zähne, welche der lachende
Mund fortwährend enthüllte, ganz unvergleichlich, und
ganz im Gegensatz von mir, der von körperlichen Uebun-

gen Nichts als das Tanzen gut gelang, war sie Meister in allen körperlichen Spielen. Es war ein Vergnügen sie laufen, springen, Ball werfen und klettern
zu sehen.

Was uns Beide eigentlich zuerst zusammengeführt,
war Mathildens Verlangen, Hilfe bei ihren Arbeiten zu
finden. Aber wir faßten bald eine große Zärtlichkeit
für einander, und kannten keine größere Freude als das
Beisammensein.

Mathilde war' in unserm Hause heimisch wie ich
selbst, und auch ich war ganz und gar eingelebt in den
kleinen Stübchen ihrer Mutter. Sie fand bei uns,
so beschränkt unsere damaligen Verhältnisse waren, doch
mehr Leben und mehr Zerstreuung als zu Hause, und
mir, die immerfort in einer großen Schaar von Kindern lebte, war das Alleinsein mit Mathilde, und die
Stille auf dem entlegenen Kirchplatz und in den kleinen
Stuben ihrer Mutter, etwas sehr Zusagendes. Wir
arbeiteten dann an dem Tische, an welchem ihre Mutter, in ihrem unwandelbaren schwarzwollenen Kleide,
mit der schlichten weißen Haube, strickend neben uns
saß, wir machten Zeichnungen nach der Natur, oder
entschlüpften, wenn die ältere Schwester ausgegangen

war, in deren Zimmer, um uns Alles mitzutheilen, was wir irgend dachten und wußten.

Alles was wir besaßen liebten wir zu theilen, Alles was wir von unsern Eltern erhielten, erbaten wir uns wo möglich von der gleichen Art, und da man sich in beiden Familien mit den Ausgaben auf das Nothwendigste beschränken mußte, waren unsere Wünsche gleichmäßig bescheiden. Konnten wir es verabreden, so kleideten wir uns möglichst gleich, und die ersten Verse, welche wir in meinem zwölften Jahre machten, galten eben den neuen Umwerftüchern von Bourre de Soie, welche unsere Eltern uns geschenkt hatten, und mit denen wir uns reich wie Fürsten fühlten.

Ein Hauptgenuß aber war es, wenn wir am Sonnabend mit all unsern Arbeiten abschließen, und dann vom Sonnabend Nachmittag bis Montag früh, je nach dem, in unserm Hause oder in der Stiftswohnung der Majorin beisammen bleiben konnten. Daß daneben im Stifte Alles so eng, daß es im Grunde dort nicht bequem war, daß wir uns für einander kleine Entbehrungen auflegen, uns miteinander behelfen mußten, das gehörte wesentlich zu dem Vergnügen dieses Beisammenseins, denn die Jugend und die Freundschaft sind opferfreudig; und man sollte niemals weder über diese frühen

Freundschaften noch über die frühen Herzensneigungen
der Kinder spötteln. Es erwächst dem Menschen keine
seiner Eigenschaften, keine seiner Tugenden, gleich
auf einmal fix und fertig, gleich in ihrer Vollendung
und in ihrer Kraft. Die Eigenschaften und die Tugenden wollen sich durch ihre Uebung entfalten, und wo
sich in der Kindesfreundschaft nicht Ueberspannung, wo
sich in der Liebe der Kinder nicht Sinnlichkeit verräth,
soll man sie achten, und sie gewähren lassen.

Am Sonntag, wenn ich bei Mathilde war, ging
ich mit ihr und ihrer Mutter zu Ebel in die Kirche.
Wir saßen dann beieinander, sangen aus demselben
Gesangbuch, hörten gemeinsam die Predigt des uns
vertrauten Lehrers an, und ich glaube in jenen Tagen
war ich diejenige von uns Beiden, welche dabei die
meiste Erhebung empfand. Im Sommer machten wir
am Nachmittage mit ihrer Mutter einen Spaziergang,
bei dem wir häufig das Grab einer Tochter besuchten,
die als erwachsenes Mädchen gestorben war, und am
Abende spielten wir auf dem Bleichplatz hinter dem
Stifte, mit den andern im Stifte heimischen Kindern,
unter denen die vier Söhne einer Justizräthin, die Alle
älter waren als wir, und von denen einige sich schon

in den obern Klassen eines Gymnasiums befanden, unsere liebsten Genossen waren.

Diese Freundschaft hatte ich aus der Schule mit in das häusliche Leben hinübergenommen, und sie war je älter wir wurden, um so fördernder für uns Beide und um so herzlicher geworden. Mathildens Frohsinn und Jugendlichkeit waren für mich eine nothwendige Ergänzung, während meine Theilnahme an ernsten Dingen, meine Lust am Lesen ihr zu Gute kamen; und wenn ich durch den Verkehr mit ihr auch noch früher als es sonst geschehen wäre, mich zu den Erwachsenen zu zählen anfing, so war sie so anspruchlos und ihr ganzes Wesen so kerngesund, daß ich keine bessere Freundin auf der Welt hätte finden können. Alles Grübeln, Alles Nachdenken war ihr verhaßt, die Rührung lästig, und sie war eigentlich ihrer ganzen Natur nach nirgend weniger an ihrem Platze, als in ihrer nächsten Familie. Neben ihrer ernsthaften Mutter, neben ihrer auf kirchliches und auf inneres Leben gestellten Schwester, nahm sie sich immer wie ein Vogel unter der Luftpumpe aus. Sie hielt sich ängstlich still, ihr fehlte das Lebenselement, und nur im Hause ihres Bruders, der mit einer schönen lebenslustigen Frau verheirathet war, oder in unserm Hause, athmete sie fröhlich auf.

Auch war sie bei uns der allgemeine Liebling. Meiner Mutter war ihre Natur viel verwandter als die meine; mein Vater schalt sie bisweilen, wenn sie ihm zu viel und zu laut lachte, was er nicht gut leiden konnte, aber wenn sie über den Zuruf, den wir oftmals zu hören bekamen: lacht nicht so dumm! lacht nicht so viel, das ist unanständig! nur in neues Lachen ausbrach, und dies nicht zu beenden war, bis man uns zum Zimmer hinauswies, so mußte er zuletzt selbst über die Gutmüthigkeit und Kindlichkeit lachen, mit welcher das erwachsene schöne Mädchen seinen Tadel hinnahm; und Allen fehlte Etwas im Hause, wenn Mathilde einmal eine Woche nicht dagewesen war.

Nur einen Kummer trugen wir gemeinsam, den Schmerz, daß sie ohne mich zum Religionsunterricht gehen, daß sie ohne mich eingesegnet werden müsse, weil ich nicht Christin war wie sie. Dieses Bedauern theilte meine Mutter auf das Lebhafteste. Tausendmal habe ich es sie aussprechen hören, wie sehr sie es bereute, aus Rücksicht auf ihre Familie, nicht zum Christenthume übergetreten zu sein, als sich ihrer Verheirathung so viel Schwierigkeiten entgegensetzten; tausendmal habe ich es sie beklagen hören, daß sie keiner Kirche, keiner

Religionsgemeinde recht angehöre, und daß wir, wie sie
es nannte, ohne rechte Religion aufwachsen sollten.

Sonntags, oder an den andern christlichen Feier
tagen, wenn die Familien mit ihren Kindern zur Kirche
gingen, that es ihr weh, daß ihr diese Erbauung fehle,
und es ist mir zweifellos, daß es für unsere Mutter
die größte Wohlthat gewesen sein würde, hätte der Vater sich in diesen Zeiten dazu entschlossen, zum Christenthum überzutreten. Es wäre ihrem Gemüth in dem An-
lehnen an eine positive Religion, in dem Aufschauen
zu einer höhern Weltführung, eine Stütze und ein Halt
geboten worden.

Daß sie jemals ein solches Verlangen gegen den
Vater in Bezug auf sich ausgesprochen, bezweifle ich,
denn die Befriedigung eines solchen geistigen Bedürf-
nisses bestimmt zu fordern, war ihre eigene Empfindung
ihr wahrscheinlich nicht klar genug. Für uns aber
äußerte sie fortdauernd den Wunsch, uns Christen werden zu lassen, den sie immer in doppelter Weise moti-
virte. Sie hielt es dem Vater einer Seits vor, daß
es traurig sei zwischen zwei Religionen zu stehen wie
wir. Von dem Judenthum wüßten wir gar Nichts,
in den Schulen hätten wir christlichen Religionsunterricht empfangen, wir hätten also doch mehr Zusammen-

hang mit dem Christenthume, und es würde daher ein
Segen für uns sein, wenn man uns anwiese, wozu wir
uns zu halten hätten, denn eine Religion müsse der
Mensch haben. Daneben stellte sie dem Vater vor,
daß sich ganz derselbe Zwiespalt wie in religiöser Hin-
sicht auch für unser praktisches Leben herausstelle. Uns
mit den jüdischen Familien verkehren zu lassen, wünschte
sie nicht; die angesehenen christlichen Familien aber wiesen die Juden jetzt noch eben so wie vor zehn Jahren
von sich zurück. Ein großer Theil der Gesellschaft, und eine
Menge anderer Vorzüge wären den Juden verschlossen,
und der Gedanke uns lebenslang in einer so peinlichen
Lage zu wissen, wie die Juden sie erdulden müßten,
werde ihr äußerst schwer. Sie sei überzeugt, daß es
mich glücklich machen würde, mit Mathilde zum Religionsunterricht zu gehen, und da ohnehin des Vaters
Brüder und seine Schwester in Breslau mit ihren Familien längst zum Christenthume übergetreten wären,
würde sie es als eine Wohlthat für uns ansehen, wenn
er für die Seinen einen gleichen Weg einschlagen wollte.

Indeß ihre Wünsche drangen in diesem Augenblicke
noch für keinen von uns durch. Mein Vater hatte für
sich nicht das leiseste Bedürfniß nach einer religiösen
Erhebung oder nach einer kirchlichen Gemeinschaft; an

den geselligen Verbindungen, die sich ihm nicht öffneten,
war ihm selbst gar. Nichts gelegen; er hielt obenein
seinen Uebertritt zum Christenthum, falls er sich der
Mutter zu Liebe zu einem solchen hätte bequemen wollen, seinen geschäftlichen Beziehungen, die ihn beständig
mit den strenggläubigen polnischen Juden in Verbindung
brachten, für nachtheilig, und es blieb uns also vorläufig noch überlassen, mit unserm Glauben, und mit
unsern religiösen Bedürfnissen fertig zu werden, wie
wir wollten und konnten.

Im Hause kam von Religion äußerst wenig an uns
heran. Wir beteten Abends aus Gewohnheit das Vater-
unser und damit war es abgethan. Religiöse Gespräche
wies mein Vater, wenn hie und da die Rede sich darauf
lenkte, meist mit dem Bemerken von sich, daß derlei sich
in der flüchtigen Unterhaltung nicht abthun lasse, und
kein Gegenstand für gesellschaftliche Besprechung sei.
Kam es aber doch einmal zu Erörterungen über das Wesen des Menschen, oder gar über die Unsterblichkeit der
Seele, so machte auch diesen der Vater meist mit der
Bemerkung ein Ende, daß es unfruchtbar sei, den Sinn
auf Dinge zu richten, von denen wir Nichts wissen
könnten, und thöricht, sich Vorstellungen von einem Zustande machen zu wollen, der dann eintreten sollte, wenn

alle Fähigkeiten, mit denen wir jetzt wahrnehmen und urtheilen, erloschen sein würden. Jeden Augenblick, den man den Spekulationen über das Jenseits zuwende, entziehe man dem Diesseits. Ein „Hab' ich" sei aber tausendmal mehr werth als zwei „Hätt' ich", und da das Thun ein für allemal die Hauptsache sei, so müsse man das Rechte und das Seinige thun, und sich weiter um das Jenseits nicht kümmern. In seinen Thaten habe der Mensch seine geistige Unsterblichkeit, in seinen Kindern seine irdische Unsterblichkeit. Das alte Testament wisse Nichts von dem Glauben an eine Fortdauer nach dem Tode, und deshalb hielten die Juden so sehr darauf, sich früh zu verheirathen und eine Nachkommenschaft zu haben, in der sie und ihr Gedächtniß über ihren Tod hinaus lebendig blieben.

Neben dieser rationellen und praktischen Auffassung von dem Wesen des Menschen und von der Unsterblichkeit, die mir sehr einleuchtete, hatte sich aber in mir eine eigene religiöse Welt ausgebildet; denn wenn mir auch die Anschauungsweise meines Vaters verständlich und angemessen war, so ließ sie eine Seite in meinem Gemüthe leer, die in dem Christenthum ihre Nahrung fand.

Die großen Lehren von der Liebe und von der

Selbstverläugnung, welche das Christenthum in sich
trägt, begeisterten mich, und der Ebel'sche Religionsunterricht sowohl, als der mehrjährige Unterricht des
Herrn von Tippelskirch hatten in mir das Verlangen
nach einem Ideal erzeugt, für das ich eine Gestalt zu
haben begehrte. Weder die historischen Figuren des
Alterthums, noch die der neuen Geschichte, boten mir
was ich bedurfte. Ich konnte die Thaten, die Seelen-
stärke, die Großmuth, die Hingebung einzelner Helden
bewundern, indeß sie Alle verkörperten mir die ideale
Liebe, das Streben nach Selbstvollendung nicht, nach
denen ich trachtete, und hätten meine Lehrer mich nicht
schon früher auf Christus hingewiesen, so würde mein
jetziger Umgang mit der Familie von D. hingereicht
haben, mir Christus den Allliebenden, der sich für die
Menschen geopfert hat, zum Ideale zu erheben.

Es war aber nicht der Gottessohn, den ich verehrte,
denn an das Dogma von dem eingebornen Sohne
Gottes hatte ich von jeher eben so wenig zu glauben
vermocht, als an die Menschwerdung der griechischen
Götter, sondern es war der Mensch Jesus Christus,
der meinem Volke entsprossene Befreier, der historische
Christus, den ich verehrte und dem ich nachstrebte, ohne
daß ich damals diese Bezeichnung gekannt, oder von

ben über diese Auffassung obwaltenden Streitigkeiten
Etwas gewußt hätte. Auf dem Boden jedoch, auf dem
ich lebte, in den Verhältnissen, in denen ich aufwuchs,
gehörten weder ein besonderer Scharfsinn noch eine besondere Divinationsgabe dazu, um zu einer Anschauung
zu kommen, welche ohnehin in der Zeit lag.

Da ich von früh auf gewöhnt worden war, meine
Vernunft zu brauchen, war ich zum urtheilslosen Glauben nicht gemacht, und je an ein Wunder geglaubt, je
einen andern als einen mythologischen Eindruck von den
christlichen Wundern gehabt zu haben, kann ich mich
nicht erinnern. Ich versuchte hie und da einmal sie
mir natürlich zu denken, wenn mir das aber nicht gelang, so sagte ich mir, alle alten Völker hätten an
Wunder geglaubt, und ließ es dabei, als an etwas Ab-
gethanem bewenden. Aber die Geschichten des alten
Testaments, mit den abenteuerlichen Fahrten und Thaten seiner Völker und Helden, zogen mich lebhaft an.
Die Züge der Juden durch die Wüste, die Episode von
Joseph und seinen Brüdern, von Saul und David und
Jonathan, die Erzählungen von Ruth, von Esther, die
Pracht der Bundeslade und des Tempels von Jerusa-
lem, der Verrath von Absalon, und die Geschichte der
heldenmüthigen Makkabäer, hatten ihrer Zeit meine Phan-

tasie lebhaft beschäftigt, bis endlich Christus den Sieg
über sie Alle davon trug, und mir zum Ideal erwuchs.

Diese letztere Verehrung hatte sich bei mir aber
erst in bestimmter Form herausgebildet, nachdem ich die
Schule verlassen hatte, und mein Trieb zum Gestaltgeben
hatte sich dieser Verehrung zugesellt. Ich erinnere mich
noch des Tages, an dem ich zum erstenmale darauf
verfiel, mir „die Geschichte des Heilandes deutlich vorzustellen."

Ebel hatte seine Gemeinde, einen oder zwei Tage
vor Weihnachten, zu einem Nachmittagsgottesdienst in
der Altstädtischen Kirche versammelt, und ich war mit
der Familie von D. zur Kirche gegangen. Es war
ein trüber Tag, Regen und Schnee wechselten miteinander ab, und noch während der Predigt fing es zu
dunkeln an, so daß man den am Altare hängenden
Kronleuchter anzündete, dessen Licht jedoch nur strich-
weise Helle verbreitete. In seiner ergreifenden Weise
hatte Ebel von der Geburt Christi, von diesem zweiten:
„es werde Licht!" gesprochen, das über der Erde er-
tönt war, und da er ein Mann voller Phantasie, und
in der Darstellung höchst plastisch war, hatte sich mir,
deren Sinn diesem plastischem Vermögen entgegen kam,
die heilige Familie, die Maria mit ihrem Kinde und

dem heiligen Joseph, fast sinnlich deutlich auferbaut, wie
sie in dem Stalle zu Bethlehem ihr Lager gefunden,
wie das Licht erschienen in dem Dunkel, wie der Herr-
lichste der Menschen in der Niedrigkeit geboren worden
war, und besonders hatte mich das Bild des Sterns beschäftigt, dem die Könige nachzogen aus dem fernen Mor-
genlande, bis er stille stand über der Stätte, an welcher
ein noch hellerer Stern für die ganze Menschheit auf-
gegangen war.

Sehr gerührt und in mich versunken saß ich da,
während zu den Tönen der Orgel das Hosiannah der
Gemeinde durch die Kirche klang, und als ich den Blick
einmal zu dem mir gegenüberliegenden Fenster erhob,
flimmerte plötzlich ein leuchtender Stern vor meinen
Augen. Daß dies nur ein Wiederschein des Lichtes
vom Altare war, daß durch die trüben Scheiben der
alten Kirchenfenster kein Sternschein bringen, daß an
dem umwölkten Himmel kaum ein Stern hervorleuchten
konnte, das fiel mir gar nicht ein. Ich faltete unwillkührlich die Hände, ich fühlte eine große freudige Bewegung in meinem Herzen, und ohne einem Menschen
ein Wort davon zu sagen, denn über starke Empfindungen zu sprechen, trägt die wahrhaftige Jugend Scheu,
weil ihr die Kraft und die Selbstbeherrschung dazu

fehlen, hatte ich die Ueberzeugung, daß erst mit diesem
Tage Jesus auch für mich lebendig geworden sei.

Von da ab begannen die christlichen Feiertage für
mich eine eigene Bedeutung zu gewinnen, und meine
Verehrung des Heilandes bekam etwas Enthusiastisches,
das seinem Heroismus und seiner Selbstverläugnung
galt. Ich staunte ihn an, weil er mit der Voraussicht
aller der Schrecken, die ihm bevorstanden, doch aus
Pflichtgefühl hingegangen war, sie über sich zu nehmen,
um der Menschheit das Beispiel der Liebe und der
Opferfreudigkeit zu geben.

Vornehmlich war es die Zeit von dem Palmsonn=
tage bis zum Pfingstfeste, an denen die Phantasie und
das Gemüth sich ergötzten. Von Tag zu Tag verfolgte
ich nach bestem Wissen die biblische Tradition; von
Stunde zu Stunde suchte ich mir in der Zeit vom
Palmsonntage bis zum Ostermorgen die Passionsge=
schichte vorzustellen, und mir auszumalen, wo Christus
eben jetzt gewesen sei, und was er jetzt gethan habe.
Nun zog er nach Jerusalem ein, und sie breiteten Pal=
men auf seinen Weg und sangen Hosiannah. Nun ver=
spotteten ihn die Juden. Nun war er auf dem Oelberge
und betete. Nun genoß er mit seinen Jüngern das
Abendmahl. Nun führten sie ihn vor Pontius Pilatus,

und so weiter fort. Und das Alles belebte sich mir
nach der Weise der wenigen Kupferstiche, die ich gesehen
hatte, und es schien darüber eine Sonne, und es war
in einem Lande, die beide schöner waren, als Alles, was
ich kannte. — Dann kam der Charfreitag, dessen Feier
in der Kirche ich nicht versäumte. Und wenn dann das
Charfreitagsevangelium verlesen wurde, in seiner ganzen
tragischen Majestät, wenn die Kunde von der Kanzel herun-
tertönte, daß der Himmel sich verfinstert und die Erde
gebebt habe, bei dem Tode meines Helden, so erbebte
mir selbst das Herz in der Brust, und ich hatte eine
stolze Genugthuung darüber, daß ihm also geschehen
war, daß bei dem Untergange des edelsten der Menschen, daß bei dem Untergange eines gerechten Helden,
Gott die Welt erzittern lassen.

Danach wurde es am Sonnabende still in meiner
Seele, bis ich mir am Ostermorgen sagen durfte: Christus ist erstanden! und damit eine volle Freude in mir
erwachte.

Ich glaube die Mysterien, welche man im Mittel-
alter der gläubigen Menge zur Erinnerung aufführte,
können ihr nicht mehr Genügen bereitet haben, als ich
mir selbst verschaffte. Alles war mir lebendig, die heiligen Gestalten waren mit mir, was auch sonst um mich

her vorgehen mochte. Ich belebte mir die Scenerie mit Allem, was ich von der Bibel, von dem Orient, und von der Zeit der Römer wußte. Jede Stunde war mir voller Handlung.

Es lag ein großer Genuß in dieser Anschauungs=weise, in welcher sich vielleicht zuerst die mir angeborne plastische Kraft ein Genüge that, während sich zugleich die Bedeutung der historischen Gestalt des Heilandes und die erhebende Gewalt des rein historischen Christenthumes darin kund gaben. Und ich bin gewiß, daß das Christenthum nicht weniger wirksam, ja daß es in unsern Tagen auf viele junge Seelen im Gegentheil wirksamer werden würde, wenn man die dogmatischen und mythischen Elemente desselben hinter die historischen stellen, und statt für Christus göttliche Anbetung zu fordern, für ihn die höchste menschliche Verehrung der Jugend in Anspruch nehmen würde. Denn es ist der Jugend leichter möglich und fördersamer, einem großen Menschen mit allen ihren Kräften nachzustreben, als sich im Glauben auf die erlösende Liebe eines schuldlos geopferten Gottes zu verlassen; auch wenn der Begriff eines sterbenden Gottes nicht dem Christenthum wider=spräche, und den Erlöser der Menschheit der ganzen übrigen Reihe menschgewordener mythologischer Gestalten

einverleibte, die für Gebilde der Phantasie zu halten und
an die nicht zu glauben, man uns von unserer Kindheit
an gewöhnt.

Später, etwa von meinem sechszehnten, siebzehnten
Jahre ab, trat die Lektüre der Göthe'schen Osterfeier
im Faust, an die Stelle meines innerlichen Osterkultus.
Ich hatte den Faust schon gelesen, als ich noch in die
Schule ging, und er war mir seitdem eine Art von Le-
bensgefährte geworden, von dem ich mehr und mehr zu
gewinnen vermochte, je nachdem ich vorwärts kam. Als
dann meine Brüder heranwuchsen, haben wir durch
eine lange Reihe von Jahren eine Art geistiger Früh-
lingsfeier darin gehabt, daß wir am Ostermorgen gemeinsam die Schlußscene des ersten Aktes vom Faust
lasen, und uns das Herz erquickten an dem jubelnden:
Christ ist erstanden!

Ich habe eigentlich in dieser Epoche meines Lebens
die Erzählungen der Bibel überhaupt bei weitem den
homerischen Erzählungen vorgezogen, an denen die Wie-
derkehr der Beiwörter, und auch der Ereignisse, mich
ermüdeten. Dazu stießen die Schilderungen von Mord
und Kampf mich ab, und ich erinnere mich, daß mein
Vater mich nur mit einer Art von Zwang, indem ich
täglich ein bestimmtes Pensum lesen und erzählen mußte,

zur Lektüre der Ilias bewegen konnte. Mein Vater
wurde einmal ganz verdrießlich über die Hartnäckigkeit,
mit welcher ich behauptete, es sei mir ganz gleich, ob
sie dem Einen ihren Spieß durch die Zähne, oder dem
Andern den Spieß durch den Leib stießen. Es würde
doch Nichts weiter gethan, als gemordet, und zwar für
Nichts und wider Nichts gemordet. Denn daß zwei
Völker einander zerfleischten, und eine Stadt zerstört
würde, nur weil eine Frau von ihrem Manne fortge-
laufen, das sei unvernünftig, und dafür könne ich mich
nicht begeistern. Wäre nicht hie und da eine Geschichte
wie die von Hektor und Andromache, so würde die Ilias
abscheulich und das Morden und Sterben, ohne eine Idee,
für die die Menschen stürben, nicht zum Aushalten sein.
Mit solchen Aussprüchen, die der Vater als Eigenwil-
ligkeiten verdammte, und ohne Weiteres streng zurück-
wies, zog ich mir immer harten Tadel zu; und doch
konnte ich sie nicht unterdrücken, denn ich empfand es
ganz so, wie ich es sagte, und ich konnte keine Bewunderung erheucheln, für Etwas, das meinem innerste
Wesen widersprach. Es lag das wohl in meiner Abneigung gegen das Grausame überhaupt, und war ein
Vorbote der Mißempfindung, welche ich später bei der
Darstellung der Danteschen Höllenqualen und aller ge-

malten Martyrien erlitten habe. Heute noch kostet mich
der Anblick der Laokoon's Gruppe Ueberwindung, und
in Rom war es mir stets ein Trost, daß im Vatikane
der belvederesche Apoll sein nächster Nachbar war, bei
dem ich zu verweilen pflegte, wenn meine Freunde sich
in das Studium des Laokoon versenkten.

Dreizehntes Kapitel.

Einige Wochen nach meinem vierzehnten Geburtstage wurde meinen Eltern ihr letztes Kind geboren, und
dieses Ereigniß machte zugleich den Merkstein für meinen Eintritt in das praktische Leben.

Bei den frühern Entbindungen meiner Mutter hatte
man eine Haushälterin angenommen, diesmal sollte ich
das Amt einer solchen verrichten, und ich übernahm es
mit Zagen. Meine Mutter hatte mich in der vorhergehenden Zeit zu dem Nothwendigen angewiesen, aber
sie hatte immer gefürchtet, daß ich nicht mit meinen
Obliegenheiten zurechtkommen würde, und es war mir
daher in doppeltem Sinne sehr bange, als sie sich eines
Morgens niederlegen ging, und ich nun dastand mit der
Angst um sie, mitten in einer großen Familie, mitten in
einem Hause, in welchem Jeder an die Sicherheit und
Erfahrung einer reifen Frau gewöhnt war, und in dem
jetzt Alle plötzlich auf mich allein angewiesen sein sollten.

Mein Vater brachte mir aus der Schlafstube der

Eltern den Schlüsselkorb meiner Mutter heraus, und
während ihm selbst gewiß nicht leicht um's Herz war,
sagte er freundlich ermuthigend: „habe nur Courage!
wem Gott ein Amt giebt, dem giebt er auch Verstand.
Vor Allem halte die Kinder ruhig!" — Er küßte mich
dabei auf die Stirne, und mir kam damit die Zuversicht, daß es gehen werde, weil es gehen müsse. Und es
ging auch, obschon die Leitung eines solchen Hauswesens
damals keine leichte Aufgabe für mich war.

Unser Hausstand umschloß in jenem Augenblicke
siebzehn Menschen: die Eltern, acht Kinder, von denen die
vier Jüngsten einander fast Jahr auf Jahr gefolgt, und
also noch Alle völlig hilfsbedürftig waren, drei Commis,
einen Lehrling, eine Köchin, die alte Kinderfrau, welche
zur Wartung der kleinen Schwestern wieder zu uns
zurückgekehrt war, und endlich eine Amme. Das war
ein Personal, welches eine Menge von Bedürfnissen
hatte, und das um so schwerer zu versorgen war, als
man damals in den bürgerlichen Haushaltungen, die
sich wie wir einzuschränken, und genau über ihre Ausgaben zu wachen hatten, noch eine Art von Wirthschaft
führte, die in großen Städten nicht anwendbar ist, und
auch in Königsberg vielleicht jetzt nicht mehr üblich sein
mag. Sie war in so fern sehr vernünftig, als sie den

Grundsatz festhielt, daß es vortheilhaft sei, im Großen und Ganzen zu kaufen, wo die Billigkeit des Raumes Auffspeicherung gestattet; aber man hegte daneben das unzweckmäßige Verlangen, Alles, was irgend möglich war, im Hause selbst zu fabriziren. Man richtete sich ein, als lebte man auf dem Lande, und nahm alle Mühen über sich, welche die Entfernung von der Stadt der Landwirthin auferlegt, während man die Dienstboten und Lebensmittel mit städtischen Preisen bezahlen mußte.

Freilich waren der Lohn der Dienstboten und die Preise der Lebensmittel damals verhältnißmäßig noch sehr gering. Eine Köchin erhielt je nach ihren Leistungen achtzehn bis vier und zwanzig, ein Stubenmädchen nicht über zwanzig Thaler, und daß die Eltern der Kinderfrau, um sie für ihre langjährigen Dienste zu belohnen, und sich die treue und verläßliche Person für die Kinder zu sichern, dreißig Thaler zahlten, das wurde von der Familie als eine in unsern Verhältnissen fast unerhörte Ausgabe betrachtet. War das Jahr gut, so zahlte man für den Scheffel Kartoffeln zehn Silbergroschen, hatten wir Theurung, so konnte er bis zu vierzehn steigen. Kaufte man ein fettes halbes Kalb, so galt das Pfund im Durchschnitt ein zwei drittel, bis zwei ein halb Groschen, der Werth der übrigen Fleischarten war entsprechend. Ein Huhn bezahlte man mit fünf bis sieben ein halb Groschen, junge Hühner im Sommer, wenn man sie noch eine Weile füttern wollte, mit zwei ein halb, Gänse mit vierzehn Groschen. Zum Preise von zwei ein halb Groschen konnte man durch die Sommerzeit auch eine Mandel Eier haben, ein Pfund Butter galt fünf Groschen und die Fische und das Obst waren sehr billig. — So allein war es aber auch möglich, daß ein Hausstand wie der unsere durch das ganze Jahr mit siebenzig Thalern monatlich, welche mein Vater dafür ausgesetzt hatte, seinen völligen Bedarf an Lebensmitteln und Beleuchtung, den Zucker abgerechnet, bestreiten konnte, während doch ab und zu Gäste in das Haus kamen, und noch eine Menge kleiner Ausgaben und Reparaturen von der ausgesetzten Summe gedeckt werden mußten.

Eine ordentliche Königsberger Familie legte sich also im Herbste ihre zehn, zwanzig Scheffel Kartoffeln in den Keller. Einige Scheffel Obst wurden im Sommer geschält und aufgereiht und bei dem Bäcker getrocknet, Pflaumen- und Kirschmus im Hause gekocht. Von allen Gemüsearten wurde der nöthige Vorrath im Herbste für das ganze Jahr angeschafft, und in Beeten von grobem Sand, je nach ihrer Art, in den Kellern untergebracht, was man Einkellern nannte. In gleicher Weise wurden ganze Fässer voll Sauerkohl und Gurken, Töpfe voll rother Rüben und marinirter Häringe eingemacht, der feinern Früchte und der für Krankheits= fällen nöthigen Gelees und Fruchtsäfte nicht erst zu ge= denken. Selbst Kamillen, Hollunder und Kalmus, wur= den für vorkommende Fälle im Sommer von den Kräu= terleserinnen gekauft, und als Vorrath für den Winter aufbewahrt.

Aber das genügte noch nicht. Allwöchentlich wurde das Roggenbrod zu Hause angeteigt, mußte zu Hause säuern und besonders bei dem Bäcker gebacken werden. Gab es einen Geburtstag oder ein Fest, so wurde der Kuchen im Hause gebacken. Die Milch kaufte man, wie sie von der Kuh kam, um selbst die Sahne abzu= schöpfen, das Bier ließ man in Fässern kommen und füllte es selbst auf Flaschen. Wurst wurde, wenn man es haben konnte, wenigstens einmal im Jahre im Hause gemacht, Schinken und alle Pöckel= und Rauchfleisch= waaren galten für besser, wenn sie nicht vom Schlächter besorgt waren. Um sich vortheilhafter einzurichten, kaufte man je nach der Jahreszeit halbe Hämmel, halbe Käl= ber und halbe Schweine. Daß bei solchen Ansichten

alles Federvieh im Hause gemästet, im Hause gerupft
wurde, daß man die Federn sammelte und sie schleißen
ließ, und daß also natürlich auch Alles was irgend
möglich war, im Hause gestrickt, genäht und geschnei-
dert wurde, braucht nicht erst erwähnt zu werden. Die
Grille der Selbstfabrikation ging so weit, daß man die
Töchter nicht nur im Schneidern und Putzmachen unterrichten ließ, was in so fern sehr vernünftig war, als
es uns geschickt und unabhängig machte, sondern man
ließ eine Zeit hindurch auch Schuhmacher in die Familien kommen, um das Schuhmachen zu lernen, um
die Damen- und Kinderschuhe im Hause verfertigen zu
können.

Wahr ist's, solch ein Haushalten im Großen und
Ganzen hatte seine Reize. Es lag ein Vergnügen in
dem weiten Vorausforgen, wenn man die Mittel hatte,
ihm zu entsprechen. Die gefüllten Speisekammern und
Keller mit ihren Steintöpfen, Fässern, Kasten und
Schiebladen, waren hübsch anzusehen. Das Backobst
auf den Schnüren, der Majoran und die Zwiebeln
verliehen, im Verein mit den Gewürzen, der Speisekammer einen prächtigen Duft, das aussprossende Ge-
müse in den Kellern roch vortrefflich. Man hatte ein
Gefühl des Behagens, wenn nun Alles beisammen war.

Nun konnte der Winter in Gottes Namen kommen!
Der Besuch eines unerwarteten Gastes genirte auch
nicht im Geringsten. Wie überall, wo man aus dem
Vollen wirthschaftet, war man eher geneigt, einmal
Etwas daraufgehen zu lassen; und für die Kinder gab
es bei all dem Backen und Obsttrocknen, Einkellern,
Einkochen und Wurstmachen, vielerlei Vergnügen, auf
das man sich im Voraus freute. Die Männer bezahlten in vielen Fällen diese Art der Wirthschaft nur mit
mehr Geld als nöthig, die Frauen mit einem Aufwande
von Kraft, der oft weit über ihr Vermögen ging, und
zu irgend einem nicht auf den Haushalt und die Familie bezüglichen Gedanken, blieb Denjenigen, die wie
wir bei Allem selbst Hand anlegen mußten, wenn ihr
Sinn nicht entschieden auf Höheres gerichtet war, kaum
noch Zeit übrig. —

Daß nach diesen Angaben eine Königsberger Familie viel Raum haben mußte, daß Keller, Boden,
Kammern und ein Hof unerläßlich, daß mehr Dienstboten dafür nöthig waren, versteht sich von selbst. Rechnet man nun noch die fanatische Reinlichkeit meiner
Landsmänninen dazu, für die es damals ein Dogma
war, alle Zimmer wöchentlich einmal scheuern zu lassen,
eine Gunst, welche den Fluren und Treppen zweimal

in der Woche wiederfuhr; rechnet man dazu, daß die
Spiegel und sogar die Fenster, so lange die Kälte dies
bei den Letztern nicht unmöglich machte, wöchentlich geputzt, die Stuben jeden Morgen feucht aufgewischt, und
nach dem Mittagessen, wo es thunlich war, noch einmal
gekehrt und abgestäubt wurden, so entstanden mit dem
nothwendigen Reinhalten der Küche, der Kammern und
des vielen für alle diese Vorräthe nöthigen Geschirres,
eine nicht endende Arbeit und Unruhe, und eine Ath-
mosphäre feuchter Reinlichkeit, in welcher Orchideen
und Wasservögel, je nach der Jahreszeit, eigentlich
besser an ihrem Platze gewesen wären, als wir Men-
schenkinder.

Rastlos wie die Frauen es auf diese Weise wurden,
waren es die weiblichen Dienstboten noch viel mehr, und
alle Theile klagten gelegentlich darüber. Indeß wer es
den damaligen Hausfrauen — ich spreche von einer
Zeit, die ein Menschenalter hinter uns liegt — zugemuthet hätte, irgend einer ihrer wirthschaftlichen Gewohnheiten zu entsagen, wer ihnen zugemuthet hätte,
ihr Brod vom Bäcker, ihr Backobst vom Kaufmann,
ihren Bedarf an eingesalzenem Fleische von einem Schlächter zu beziehen, den hätten sie als einen Ketzer angesehen, als einen Frevler, der ihre hausfraulichen Pflich-

ten beschränken wolle, um ihrer Würde und Bedeutung
damit Abbruch zu thun, und so das Glück der Ehen
und der Familien allmählich zu untergraben.

Sie gaben zu bedenken — und dies mit einem
Schein von Recht — daß außer dem Hause Alles
schlechter und theurer sei als in dem Hause, aber sie
brachten dabei die Kosten der großen Wohnung, des
Dienstpersonals, der Feuerung, und den Werth der
Zeit nicht im Detail in Anschlag, die im Hause auf
die fraglichen Gegenstände gewendet worden waren. Sie
vergaßen ferner, daß ihre Vorurtheile es den Verkäufern
unmöglich machten, sich auf einen Verkauf im Großen
einzurichten, und daß keine Konkurrenz den Preis der
Waare ermäßigen kann, wo man entschlossen ist, keine
Nachfrage nach Waare zu machen. Erleben wir doch
jetzt nach dreißig weitern Jahren ganz dasselbe, wenn
man es der Mehrzahl der Frauen begreiflich machen
will, daß es für den Unbemittelten nicht zweckmäßig sei,
an ein spärliches Mittagbrod ein eigenes Feuer und
die Arbeit eines besonders dafür bezahlten Mädchens
zu wenden, und — war ich doch selbst, so lange ich in
meinem Vaterhause haushielt, von dem Glauben an
die nicht zu übertreffende Zweckmäßigkeit unserer Königsberger Einrichtungen überzeugt. Es giebt aber frei-

lich auf der Welt nichts Beschränkteres, und also auch
nichts Eigensinnigeres als die Frauen, wenn sie, statt sich
ihrer Vernunft zu bedienen, sich hinter die Schranken
der geheiligten Gewohnheit zurückziehen. Sie machen
dann die Gewohnheit zur Sache der Empfindung und
des Herzens, ihre Vorurtheile zum Symbol des Familienglückes, ja zum Palladium der ganzen sozialen
Lebensordnung; und so lieb mir auch heute das haus-
frauliche Walten und Sorgen im eigenen Hause und
am eigenen Heerde ist, weil unsere Vermögenslage mir
gestattet, einen Theil meiner Zeit dafür zu verwenden,
so bin ich doch froh darüber, daß der häusliche Heerd
mir nicht mehr ein wesentlicher Bestandtheil des
Familienglückes, und der Kochlöffel in der Hand
der Hausfrau nicht mehr als das Symbol ihrer
Würde, oder gar als das Scepter erscheint, mit welchem bewaffnet, das Weib allein seine Stelle als Gattin,
Mutter und Hausfrau behaupten, und seine Pflichten
erfüllen kann. Es ist aber keine Frage, daß die Frauen
ihren Pflichten auch genügen können werden, wenn wir
einmal zu guten und allein vernunftgemäßen allgemeinen Kochanstalten kommen sollten, wie wir ja zu
den Bäckern, Brauern, Conditoren u. s. w. schon gelangt sind.

Ich habe mein Leben hindurch eine Luft darin ge=
funden, Schwierigkeiten zu bekämpfen, denen ich mich
gewachsen glaubte. Ehrgeiz und Thätigkeitstrieb kamen
mir dann zu Hilfe, und ich fühlte mich dabei munter und
zuversichtlich. Zu dieser Stimmung, welche sich bei mir
einstellte nachdem meine jüngste Schwester geboren, und
die Noth und Gefahr für meine arme Mutter über=
standen war, gesellte sich damals die Freude, für die
Mutter zu sorgen, dem Vater, den Geschwistern und
den Hausgenossen es an keinem Nothwendigen fehlen
zu lassen, und die Genugthuung, es den Eltern beweisen
zu können, daß ich nicht unpraktisch und nicht unnütz sei.

Ich war mit Bangen und mit Zagen an mein Amt
gegangen, nach den ersten acht Tagen aber fühlte ich mich
bei der Arbeit frischer und glücklicher als je zuvor, ob=
schon sie mir so körperlich als geistig schwer fiel. Mein
Vater hat mich in spätern Tagen gern damit geneckt,
daß er mich eines Tages in stillen Thränen vor dem
großen Wäschschrank gefunden, weil ich auf einem Stuhle
stehend, mit dem Heben der schweren Tischgedecke nicht
fertig werden konnte, und doch Niemand rufen wollte, um
meine Schwäche und mein Ungeschick nicht den mir
untergebenen Dienstboten zu verrathen.

Aber die Kraft übte sich allmählich, ich war dazu

plötzlich meinen trocknen Stundenplan los geworden, meine Mutter war mit mir zufrieden, mein Vater hatte sichtliche Freude an meinem Gelingen, und meine kleinen Schwestern, die mir bis dahin, trotz aller meiner Liebe für sie, doch oft recht unbequem gewesen, wuchsen mir anders als vorher in's Herz, seit sie die Gegenstände meiner Sorge und Mühe waren.

Dazu war es Frühjahr, das Wasser floß funkelnd unter unsern Fenstern hin, Schiffe kamen und gingen, die ersten gelben Glockenblumen und Himmelschlüsselchen konnten meiner Mutter in ihre Wochenstube getragen werden, mit dem ersten kleingeschnittenen Kalmus, mit den ersten frischen Tannensprossen, konnten wir ihr, die diesen Duft liebte, Guirlanden um die Schränke und Tische legen, das Kind in der Wiege trug das Häubchen und das Jäckchen, das ich vor seiner Geburt für dasselbe gemacht, und wie oft ich an jenes Frühjahr denke, immer erscheint es mir als ein besonders angenehmes. Das hat aber seinen guten Grund: ich genoß in demselben zum ersten Male die Freuden einer werkthätigen Liebe, zum ersten Male die Kräftigung, welche selbstständiges Handeln uns mit seiner Verantwortlichkeit auferlegt.

Dadurch fühlte ich mich aber auch als ein erwach-

senes Frauenzimmer, und als nähmen mit diesem Bewußtsein meine körperlichen Kräfte ebenmäßig zu, so
fing ich an schnell zu wachsen, wurde stärker, bekam
Farbe, und sah, wie man das bei uns mit dem Volks-
ausdruck bezeichnet, bald so vollständig aus, daß es
nicht mehr möglich war, mir die Rolle eines halber-
wachsenen Mädchens aufzubringen, die mir, wie alle
Halbheit, immer unbequem gewesen war.

Auch der Sommer, welcher diesem Frühjahr folgte,
ist mir in der Erinnerung lieb geblieben. Die mir zu-
sagende Thätigkeit im Hause hörte zwar mit der Genesung
meiner Mutter fast gänzlich auf, obschon mein Vater
sie mir zu belassen wünschte, und obschon dies für die
Mutter, die ihre Kräfte sehr zu schonen, und für mich,
welche die ihren zu entwickeln und zu verarbeiten nöthig
hatte, gleich vortheilhaft gewesen wäre. Indeß die
Mutter, welche in der Bewältigung des Haushaltes ihre
eigentliche Stärke und ihr eigentliches Element besaß,
konnte den Gedanken nicht ertragen, daß sie, wenn sie
mich die Wirthschaft weiter selbstständig fortführen ließ,
ihre Ueberlegenheit über mich auch in diesem Punkte
allmählich verlieren könnte. Sobald sie es daher im
Stande war, nahm sie mir das Regiment wieder ab,
und da sie obenein die Gewohnheit hatte, Alles, was

Andere in ihrem Auftrage gemacht hatten, der Sicher=
heit wegen noch einmal nachzusehen, so verdarb sie mir
die Lust, irgend Etwas zu thun, weil ich mich des Ge=
dankens nicht erwehren konnte, daß sie es auf diese
Weise eben so gut hätte selbst machen können. Dies
ängstliche Mißtrauen in die Leistungen Anderer ist aber
sowohl bei Männern als bei Frauen ein sehr gewöhn=
licher Fehler, dem natürlich der Glaube an die uner=
reichbare Vortrefflichkeit der eigenen Leistungen zum
Grunde liegt. Alle jene Klagen über die Unanstellig=
keit und Unzuverläßigkeit von Untergebenen, denen man
in so vielen Verhältnissen begegnet, sind in der Regel
darauf zurückzuführen. Bestimmt zu befehlen, sich auf
die Ausrichtung der Untergeordneten zu verlassen, und
diese verantwortlich zu machen für das Versäumte und
Fehlende, scheint etwas so Natürliches für Jeden zu
sein, der einer Gesammtheit vorzustehen hat, und doch
verstehen dies so Wenige, weil eben in den meisten Fäl=
len — die Eifersucht sie verhindert, sich für ersetzbar
anzusehen.

Hätte ich mit vierzehn Jahren die Einsicht und die
Duldsamkeit gehabt, welche ich zwanzig Jahre später
besaß, so würde ich überall bereitwillig geholfen haben,
wo meine Hilfe irgend Etwas nützen konnte, ohne eine

Anerkennung dafür zu begehren. Aber ich hielt damals
meine kleinen Hilfsleistungen, die auch wirklich nur
Handlangerdienste waren, für einen Zeitverderb. Ich
wollte, wie schon gesagt, Nichts thun „wobei Nichts heraus kam", und weil ich es doch thun mußte, that ich
es unlustig, so daß meiner Mutter immer wiederkeh-
rende Klage, ich sei verdrießlich, sobald ich Etwas leisten
solle, vollkommen begründet war — wenn schon ich mich
heute wie damals lange nicht so schuldig daran fühlte,
als ich ihr erschien. Was aber die Sache noch ver-
schlimmerte, war, daß mein Vater jetzt, wie früher, der
Mutter in ihrem Tadel gegen mich Recht gab, während
ich deutlich empfand, daß er mit seiner Ueberzeugung
durchaus auf meiner Seite stand.

Dadurch bildete sich schon in jener Zeit eine Art
von schweigendem Einverständniß zwischen mir und meinem Vater, und grade dieses verletzte und verstimmte
meine Mutter, die das bald herausfühlte, nur noch mehr.
Sie wußte, wie sehr mein Vater sie liebte, sie liebte
auch mich sehr, aber die Ahnung, daß mein Vater eine
Seite in seinem Wesen habe, der sie nicht entspräche,
die wachsende Vermuthung, daß ich diese Lücke einst
ausfüllen könne und werde, machten sie unglücklich, und
gaben ihrem Verhalten gegen mich oft eine Gereiztheit,

die ich ungerecht fand, und die mir durch meine ganze
Jugend, ja durch mein ganzes Leben das Verhältniß
zu meiner Mutter getrübt hat, zu der alle meine
fünf jüngern Schwestern und meine Brüder ein volles
Zutrauen und eine volle Kindesliebe besaßen und be-
sitzen konnten.

Wenn ich mich amüsirte, wenn ich an Vergnügungen, an Putz, an Menschenverkehr Freude zeigte, war
die Mutter immer mit mir zufrieden. Sie fand mich
dann mädchenhaft und natürlich; und ich hätte ihr und
mir manche trübe Stunde sparen können, wäre ich klug
oder unwahr genug gewesen, die ernstere Seite meiner
Natur, welche sie als „männlich und schroff“ bezeichnete, vor ihr mehr zu verbergen.

Im Ganzen aber hatte ich, seit dem ich einmal den
Haushalt geführt, doch mehr Freiheit für die Wahl
meiner Beschäftigung gewonnen, wenn ich meine Näh-
und Strickarbeit für das Haus und meine Musikübun-
gen erst abgethan hatte. Ich brauchte nicht mehr in
bestimmten Stunden „die alten Schulbücher“ durchzustu-
diren, ich konnte von historischen und ähnlichen Werken
in meinen Mußestunden lesen, was ich mir verschaffen
konnte, und ich hatte eben so freie Wahl unter den Ro-

manen von Scott, die mein Vater gleichzeitig mit mir, und mit eben solcher Spannung las, als ich.

Nun wir wieder im Kneiphof wohnten, und ich auch eher allein ausging, kam ich öfter zu meiner jüngsten Tante, der Schwester meines Vaters, hin, die gegen ihre Neigung mit einem vermögenden aber ungebildeten Kaufmann verheirathet, und sehr unglücklich in ihrer Ehe war. Sie hatte eben so viel Verstand als Brav-heit und Herz, und viel Empfindung für Poesie; und da sie daneben eine hübsche Bibliothek besaß, aus der ich, wenn ich sie besuchte, selbst wählen konnte, was ich ihr vorlesen wollte, so ging ich gern zu ihr, und ihr Andenken knüpft sich für mich an manchen poetischen Eindruck aus jener Zeit.

Mein Vater hatte unter den Göthe'schen Dramen eine besondere Vorliebe für die natürliche Tochter. Es war daher auch eines der ersten, welche ich gelesen, und zwar ihm selbst zum großen Theile vorgelesen hatte. Er hatte mich die hohe und einfache Schönheit der Sprache bewundern lassen, die ich selbst empfand, aber er hatte meine Aufmerksamkeit auch bei dem Stoffe und bei dem Ausgang der Dichtung festgehalten, und mir den Charakter Eugenien's als einen solchen gerühmt, der sich zu entscheiden und zu bescheiden wisse, was für

4*

Frauen doppelt unerläßliche Eigenschaften, und recht eigentlich Tugenden wären.

Mich ließ das Drama damals gänzlich kalt. Die langen Gespräche, bei denen nach meiner Meinung Alles nur darauf hinaus lief, daß ein unglückliches Mädchen sich ohne seine Neigung verheirathete, zogen mich nicht an, und da die Jugend und das reife Alter sehr verschiedene Ideale haben, und die Jugend sich glücklicher Weise noch nicht auf sittliches Transigiren versteht, so flößte mir meines Vaters Ideal von Weiblichkeit, so flößte mir Eugenie mit ihrer Resignation eigentlich nur Widerwillen ein. Ich hätte es viel natürlicher gefunden, daß sie ihr Vaterland verließ, als daß sie sich ohne Liebe verheirathete, und zwar auf die ungewisse Möglichkeit hin, einmal im Vaterlande den Verwandten nützen zu können, welche sie verstoßen hatten.

Als ich das gegen den Vater aussprach, tadelte er mich, indem er mir sagte, er bedaure es, daß er mich das Drama habe lesen lassen, ich verständе es offenbar noch nicht. Aber die Einsicht in den hohen Werth desselben werde mir mit den Jahren kommen, und er könne sich deßhalb vorläufig die Erklärung sparen. Er hatte offenbar damit die Absicht gehabt, meine Wißbegier anzuregen, und mich zu wiederholtem Lesen der Dichtung zu veranlassen. Indeß sie mißfiel mir so gründlich, daß seine Absicht fehl schlug. Und der heimliche Gedanke, meines Vaters Vorliebe für Eugenie rühre hauptsächlich von seiner Ansicht her, daß jede Frau sich verheirathen müsse, und daß eine Frau, je gebildeter sie sei, sich auch um so würdiger in eine ihr nicht angemessene, ja unerwünschte Ehe schicken könne, machte mir die Resignation der natürlichen Tochter noch viel widerwärtiger.

Eines Tages, als ich bei meiner Tante war, brachte ich das Gespräch auf Eugenie, und darauf, daß der Vater sie und ihren Entschluß so erhaben fände. Die Tante hörte mir mit ihrem freundlichen und traurigen Gesichte zu, und sagte dann ganz kurz: laß Dir doch nichts einreden! Das sagen sie so, weil es ihnen bequem ist!

Das hatte ich eigentlich zu hören erwartet, aber die Tante brach plötzlich ab, als ihr Mann hereintrat, der, in Erscheinung, Sprache und Manier gleich unangenehm, irgend Etwas von ihr begehrte. Als er fortgegangen war, sagte sie: Es ist Unsinn zu behaupten, daß eine Frau sich an Etwas gewöhnen könne, was ihr abstoßend ist. Habe ich mich denn an mein Loos gewöhnt? Ich wußte, daß ich mein Todesurtheil unterzeichnete, als ich mich verheirathete, und ich habe es ihnen gesagt.

Aber sie haben mir Alle zugeredet, Alle — nun bedauern Sie mich Alle!

Sie hatte das mit einer ihr ganzen fremden Bitterkeit gesprochen, und die Anklage, welche sie mit ihren Worten gegen ihre von ihr sehr geliebten Brüder, gegen den verstorbenen Onkel und gegen meinen Vater aussprach, von denen sie, wie ich wußte, mit dringenden Ueberredungen zu ihrer Heirath genöthigt worden war, fiel mir schwer auf das Herz. Mehr noch erschreckte mich der plötzliche deutliche Blick auf das Unglück meiner Tante, das übrigens kein Geheimniß war, so geduldig sie es auch trug; und der Gedanke, daß man mir einst Aehnliches zumuthen könne, bestürzte mich vollends.

An jenem Tage aber, in meinem fünfzehnten Jahre, faßte ich den festen Entschluß, mich nie zu einer Heirath überreden zu lassen, und mich nie anders als aus voller Ueberzeugung und Liebe zu verheirathen. An jenem Tage entwickelte sich mir zum ersten Male ganz vollständig die Vorstellung, daß das Kind auch seinen Eltern gegenüber Rechte habe, es entwickelte sich in mir der Begriff meiner angebornen Selbstständigkeit auch meinem Vater gegenüber, den ich vorher nie zu denken gewagt haben würde, und meine Ideen richteten sich damit, wie mit einem Zauberschlage, über die Schranke des Hauses und der Familie, weit hinaus in eine eigene Zukunft und in eine weite Welt.

Auch die Ueberzeugung, welche das Motiv zu manchen meiner Dichtungen geliefert hat, erwuchs in jener Stunde; wie denn überhaupt die Kindheit und die Jugend darum der Betrachtung so werth sind, weil in ihnen alle jene Keime verschlossen liegen, aus denen später die Ueberzeugungen und der Charakter eines Menschen sich entwickeln und zusammensetzen. Denn Welt und Menschenverkehr und Leben erzeugen in uns nicht so wohl ein Neues, als sie vielmehr nur entwickeln und festigen, was in uns beim Austritt aus der Kindheit schon erschaffen und vorhanden war.

Vierzehntes Kapitel.

Im Sommer dieses Jahres ließ sich in Königsberg ein Schnellläufer sehen. Meine Eltern erzählten
uns, wie in früheren Jahren alle vornehmen Herr-
schaften vor ihren Karossen Läufer gehabt hätten, die
ihnen vorangeeilt wären; und während mein Vater
diesen alle Menschlichkeit verspottenden Luxus tadelte,
wurde doch beschlossen, daß wir den Schnelllauf mit
ansehen sollten, um einen Begriff von der dem Menschen möglichen Schnelligkeit zu bekommen.

Wir waren zu dem Zwecke auf einem Stellwagen
nach einem Gasthof auf dem Below'schen Gute Kalgen
gefahren, der an der Chaussee und ungefähr auf der
Hälfte des Weges gelegen war, welchen der Läufer
zurücklegen sollte. Draußen vor dem Gasthof war
Alles voll von Menschen aller Stände, und da die
Studenten sich in Königsberg damals überall sehr be-
merklich machten, so waren auch an dem Tage ihrer

eine Anzahl zu Pferde und zu Wagen in Kalgen anwesend.

Es währte denn auch nicht lange, bis von der
Stadtseite her einige Offiziere herangesprengt kamen,
welche den Läufer zu Pferde begleiteten, und zwischen
ihnen wurde ein mittelgroßer, magerer junger Mann
sichtbar, der in einem flatternden Pagenanzug von
verblichenem blaßblauem und weißem Atlas, pfeil-
schnell vorüberrannte, während der Wind die hohen
Federn auf seinem Barett hin und her jagte. Ich
hatte mit den Andern und mit Mathilde, die bei
solchen Anlässen immer mit uns war, unten vor der
Thüre des Gasthofes gestanden, und war, als der
Ruf der Menge die Ankunft des Läufers verkündete,
auf den etwa zwei Fuß hohen Sockel einer der höl-
zernen Säulen gestiegen, welche den Balkon vor dem
oberen Stockwerk stützten. Kaum aber befand ich mich
auf der geringen Erhöhung, als aus dem Kreise der
dabei stehenden Studenten sich Einer umwendete, und,
nach mir hinsehend, zu seinem Gefährten sagte: hat
das Mädchen schöne Augen! wird die hübsch werden!

Ich rutschte von meinem Piedestal herunter, denn
mir flammte das Gesicht, aber nicht vor Schaam, sondern vor unaussprechlichem Vergnügen. Der Läufer

hätte noch zehnmal an mir vorüberjagen können, sie
hätten — mein Vater und ein anderer Herr — noch
viel lebhafter darüber sprechen können, ob es Recht
sei oder nicht, solche Produktionen, wie den Schnelllauf zuzulassen, da sich doch immer Menschen fänden,
die mit ähnlichen Dingen ihr Brod verdienen wollten,
es war mir in dem Augenblicke äußerst gleichgültig!
Die Gewißheit, daß Jemand mich hübsch fand, die Möglichkeit, daß ich noch hübscher werden könnte, machten
mich gar zu glücklich. Als Kind hatte man mich in
der Schule wegen meiner Blässe und Magerkeit geneckt, und neben Mathilde war ich selbst mir immer
so unschön erschienen, daß ich mich allmählich, wenn
auch mit schwerem Herzen, dazu beschieden, durch
geistige Eigenschaften gefallen zu müssen, während ich
in diesem Zeitpunkte gar kein lebhafteres Verlangen
kannte, als groß, schlank und schön zu sein, wie ich
mir die Heldinnen aller Dichtungen vorstellte, wie ich
es je zu werden auch nicht die geringste Aussicht
hatte.

Der junge Student, welcher mir damals diese
Freudenbotschaft verkündete, und der jetzt, ein aner-
kannt tüchtiger Mann, im fernen Masuren auf seinem
Gute lebt, hat sicherlich nie eine Ahnung davon ge-

habt, welche Wohlthat er mir an jenem Nachmittage
mit seinem Ausrufe erwies. Er war mir ein Befreier
von der Pedanterie, welche sich aus meinen, auf das
Ernste gerichteten Anlagen, in mir zu entwickeln drohte.
Eine Bibliothek von Büchern hätte ich an dem Nachmittage hingegeben für einen Strohhut, der mich gut
gekleidet hätte, und all mein bischen Wissen für das
Vergnügen, es noch einmal aussprechen zu hören, daß
ich hübsch werden könne.

Die Stimmung blieb nun auch die vorherrschende
in mir, und machte mich sehr heiter. Zum Lernen
hatte ich von da keinen so ausschließlichen Trieb, ich
wollte nur gefallen, und statt des wissenschaftlichen
Ehrgeizes, den ich als Kind gehegt, statt der Sehnsucht nach einem Doktortitel und einem Lehrstuhl in
Bologna, hatte ich jetzt nur den einen Wunsch, bald
möglichst in die Welt zu kommen, das hieß auf einen
Ball zu gehen, oder eigentlich, recht bald Befriedigung
für diese neu erwachte Eitelkeit zu finden. An einen
Ball aber war für mich noch nicht zu denken, denn
mein Vater hatte es festgesetzt, daß ich in diesem Jahre
noch keinen Ball besuchen sollte, und das um so weniger, als sich mir allmählich ein Umgangskreis eröffnet hatte, der mir Vergnügungen mancher Art be-

reitete, und mir genugsam Gelegenheit bot, mit Mädchen und mit jungen Männern zusammenzukommen,
deren Besuche auch in unserm Hause nicht fehlten.

Noch während ich in die Schule ging, hatte ich die
Kinder der angesehensten jüdischen Familie von Königsberg, der Familie Oppenheim, kennen lernen.
Das Haupt derselben, der alte Banquier Oppenheim,
lebte mit seiner Gattin, einer sehr schönen Matrone,
in einem ansehnlichen und für die damalige Mode
prächtig eingerichteten Hause, in der Kneiphöfischen
Langgasse, grade über dem Hause, welches meine
Großeltern mütterlicher Seits, sechs und dreißig Jahre
inne gehabt hatten. Die älteste Tochter, an einen
Herrn Friedländer verheirathet, wohnte mit ihren Söhnen
und Töchtern in dem Hause ihrer Eltern. Zwei andre
Töchter, die Eine an einen Banquier Warschauer, die
Andre an einen Consul Schwarz verheirathet, und der
einzige Sohn der Familie, der eine sehr schöne und
liebenswürdige Frau hatte, waren Alle in Königsberg
in großem Wohlstande ansässig, und bildeten einen
Familienkreis und eine Geselligkeit, wie sie mir nicht
häufig wieder begegnet sind.

Die Frauen waren in demselben, wie das damals
in den jüdischen Familien häufig der Fall zu sein

pflegte, den Männern an Bildung weit überlegen, und
dabei zum Theil Meisterinnen der geselligen Form.
Da das Haus weit verzweigte Handelsverbindungen
hatte, kamen fortwährend Fremde in dasselbe, alle be-
deutenden Künstler, welche Königsberg besuchten, wurden
dorthin empfohlen, und weil die Frauen angenehm,
und die Gastfreiheit der Familie sehr groß war, so
suchten auch manche der Beamten und Gelehrten der
Stadt die Bekanntschaft derselben auf, während die
christliche Kaufmannsaristokratie sich in ihrem Juden-
hasse damals von der Oppenheim'schen Familie ebenso
fern, als von allen andern Juden hielt. Nur zu den
Bällen der christlichen jungen Kaufmannschaft, und zu
den andern Bällen, welche die Kaufmannsaristokratie,
die Beamten und der Adel gemeinsam veranstalteten,
zu den sogenannten Korporations- und zu den Com-
binationsbällen, ließ man die Oppenheim'sche und vielleicht noch eine oder zwei andre reiche Judenfamilien
zu — ein Vorzug, den ich ihnen damals sehr beneidete,
obschon er nur den Ausspruch Lessings bewahrheitete:
der reichere Jude war Euch stets der Bessere!

In allen den vier Familien, welche die Kinder des
alten Banquier Oppenheim gegründet hatten, gab es
tüchtige junge Gelehrte als Hauslehrer, und überall

auch französische Gouvernanten. Die dritte Generation
war in ihrem Alter sehr verschieden. Der älteste
Enkelsohn hatte schon den Feldzug von achtzehnhundert=
fünfzehn, als siebenzehnjähriger Jüngling mitgemacht,
ein Bruder und eine sehr geistvolle und liebenswür=
dige Schwester standen ihm in Jahren nahe, und
um diese drei jungen Personen zunächst bewegte sich
eine ganze Schaar jüngern Volkes, die theils ein Paar
Jahre älter als ich, theils gleichaltrig mit mir oder
auch jünger waren. Mittwoch und Sonnabend Abends
und Sonntag den ganzen Tag über, waren alle
Stämme der Familie, bis auf die jüngsten Kinder
herab, im Vaterhause versammelt. Die Hauslehrer
und Gouvernanten, die Privatlehrer, die Freunde der
verschiedenen Söhne, Töchter und Enkel, und eine
Anzahl Fremder fehlten dann selten, und es war an
solchen Tagen wirklich originell, durch das Haus zu
gehen, und nachzusehen, wie die verschiedenen Genossen=
schaften sich die Zeit vertrieben, wie die alte Frau
Oppenheim in ihrem nach altem Schnitte gemachten
seidenen Oberrock, mit ihrer Spitzenhaube und ihrem
weißen Perlenschmuck, mit schwarzseidenen Schuhen
und weißseidenen Strümpfen, die sie selbst als Greisin
auch im kältesten Winter trug, durch die Zimmer ging,

und leise, mit dem Kopfe zitternd, überall nach dem
Rechten sah.

Oben in des Großvaters Stube, der Winters tief
in den Filzstiefeln des Podagristen steckte, spielten einige
alte Leute ihre Partie, in dem Zimmer der einen
Enkelin las man gesellschaftlich, und in den großen
Hinterstuben trieben wir Jüngern unser Wesen, spielten
wir als Kinder mit unsern Puppen, spielten wir später
sogenannte jeux d'esprit, oder tanzten wir mit unsern
männlichen Altersgenossen, seit wir der Kinderspiele
müde geworden waren. Ich habe sehr frohe Stun=
den und Tage in diesem Kreise verlebt.

Im Sommer zogen die sämmtlichen Familien nach
einem großen Landsitz, nahe vor der Stadt, nach
Karlsruh hinaus, dessen Gärten drei, vier Häuser
und Häuschen umschlossen. Man mußte also zusam=
menrücken, man wohnte enge, und da die Gastfreiheit
im Sommer in noch größerem Umfange geübt wurde
als in der Stadt, so konnten wir Jungen uns kein
fröhlicheres Leben wünschen, als es sich uns in dem
Landsitze eröffnete, auf dem ich mitunter ein Paar
Wochen ganz als Gast verweilte.

Bei einem dieser längern Besuche sah ich zum er=
sten Male die Schröder Devrient, und sie war zugleich

die erste Bühnenkünstlerin, der ich außerhalb des Theaters begegnete. Ich denke, es muß achtzehnhundertsechs= oder sieben und zwanzig gewesen sein, und sie konnte somit nicht viel über zwanzig Jahre zählen. Ich hatte sie ein paar Tage vorher, unter dem Schutze meines Onkels, der damals Theaterarzt war, als Emmeline in der Schweizerfamilie gehört, und mit dem ganzen Publikum heiße Thränen vergossen, als sie mit unterdrücktem Schluchzen und mit lächelndem Munde, mit bezaubernder Miene, die Arie: "Ich bin ja so fröhlich" gesungen. Wie der Inbegriff aller kindlichen Sanftmuth, aller Güte und Unschuld war sie mir vorgekommen, und ich kannte sie kaum wieder, als ich sie in ihrer blendenden und sieggewissen Schönheit, in dem Kreise der sie bewundernden Männer und Frauen wiedersah. Strahlender in den Farben, vollendeter an Gestalt, und von einnehmenderen Zügen, als es Wilhelmine Devrient damals war, wüßte ich mir keine Frau zu denken. Ihr goldblondes Haar leuchtete förmlich um ihre Stirne, ihre Arme und ihr Hals glänzten aus dem ausgeschnittenen Kleide von weiß und rosa gestreiftem Tafft hervor, und wir jüngern Mädchen standen in der Ferne und sahen ihr wie geblendet, und doch erschrocken zu. Sie gefiel uns gar nicht, weil sie

nicht Emmeline war, als welche auch die andern Mädchen sie gesehen hatten, und wir nahmen es ihr übel,
daß sie jetzt nicht weinte, daß sie uns jetzt nicht
rührte. Wir besaßen noch den vollen Egoismus der
Jugend, die es verlangt, daß die Menschen dasjenige sein sollen, was sie an ihnen liebt, was sie an
ihnen bewundert. Von Wehmuth und Rührung war
aber an der lebensvollen Frau jetzt keine Spur zu finden.
Sie erzählte ganze Reihen komischer Geschichten, sie sang
zum Clavier Liederchen im Wiener Dialekt, und als irgend
Jemand ihr ein Compliment machte über das reizende
Grübchen in ihrem Kinn, sagte sie: als Gott mich
fertig gemacht hatte, gefiel ich ihm nicht. Da hat
er mir mit dem Finger einen Stoß gegen das Kinn
gegeben, hat mich auf die Seite geschoben, und gesagt:
nun mach' Mädel, das Du weg kommst, und sieh zu,
wie Du Dich durch die Welt schlägst! davon kommt
das Grübchen! Es ist ein schlechtes Merkmal, sonst
Nichts. Sie lachte dazu, die Gesellschaft fand die
kleine Erfindung reizend, aber wir blieben in der Oppo-
sition, und als sie dann vollends nach all dem Scherz
und Lachen, ganz so unschuldig und rührend wie an
den verwichenen Abenden die Emmelinen-Arie sang, da
erlitten wir eine Art von Schmerz, denn es wurde

uns eine Illusion zerstört, Emmeline hörte auf, uns
ein wirklich existirendes Wesen zu sein, und die Künst-
lerin um der Kunst willen zu bewundern, waren wir
noch nicht reif genug. Vielleicht aber sind die Triumphe
mit die reinsten, welche die Künstler der Jugend gegenüber erringen, die in ihnen noch wirklich ihre Ideale
sieht und liebt, und es ganz vergißt, daß der Künstler
auch außerhalb seiner Rolle noch ein Dasein hat.

In dem Oppenheim'schen Hause war es auch, daß ich
die Familie des Konsistorialrath Kähler kennen lernte. Er
war Professor an der Universität, erster Prediger an
der Löbenicht'schen Kirche, Konsistorialrath, und so auf-
geklärt und freisinnig, als es für einen Geistlichen irgend
möglich, der mit Ueberzeugung sein Amt als Lehrer
und Prediger des protestantischen Christenthums ver-
walten sollte. Ohne Vorurtheile irgend einer Art, von
der höchsten allgemeinen Bildung, hatte er, ehe er nach
Königsberg kam, sich viele Jahre in einem kleinen Pfarr-
amte mit einer großen Familie durchbringen müssen,
und da er ein Mann voll Phantasie und des Wortes
durchaus Meister war, hatte er sich in jenen Zeiten
als Dichter versucht, und mehrere Romane anonym erscheinen lassen. Zwei derselben: Herrmann von Lobeneck,
und Bruder Martin der Mörder, wurden, da man den

Verfasser jetzt in Königsberg kannte, viel gelesen; und der bloße Gedanke, daß Konsistorialrath Kähler ein Dichter sei, hätte mir seine ganze Familie anziehend gemacht, wäre sie es nicht schon durch sich selbst gewesen. Denn ich liebte die Dichter und hatte doch nie einen solchen gesehen, mit Ausnahme des unglücklichen, spukhaften Raphael Bock, der meinen Vorstellungen von einem Dichter nicht im Entferntesten entsprach.

Der Vater, die Mutter und alle Kinder des Kähler'schen Hauses waren schöne Menschen. Sie hatten, so verschieden sie in ihrem Aeußern waren, alle etwas Leuchtendes in Blick und Farbe; und eine ganze Reihe gut gemalter Portraits ihrer verstorbenen Großeltern und Urgroßeltern zeigte eben so schöne Gesichtsbildungen und eben so viel intelligenten Ausdruck. Ein Geist edler Bildung ging durch das ganze Haus. Man lebte reichlich, aber doch ohne allen Luxus, man sah Fremde, gab aber wenig Gesellschaften, und der kluge Sinn der trefflichen Hausfrau, wußte die Ansprüche, welche ein weit verzweigter Umgang und die Lebenslust der Kinder machten, auf das Beste mit den etwaigen Ansprüchen orthodoxer Gemeinde-Mitglieder zu vereinigen, welche von dem Leben einer Predigersfamilie Zurückgezogenheit und Stille forderten. Zwei Söhne und zwei Töch-

ter waren außerhalb Königsberg bereits verheirathet
und versorgt, drei Töchter und ein Sohn, der damals
Medizin studirte, lebten noch bei den Eltern, und es
kamen theils als Freunde des Sohnes, theils als Zu-
hörer des Vaters, viel junge Männer, wenn auch nur
zu kurzen Besuchen, in das Haus.

Dazu war mir noch ein neuer Zuwachs an häuslicher Geselligkeit geworden, als eine uns verschwägerte
Familie unser Vorderhaus bezog. Es waren das die
Eltern des schon früher von mir erwähnten Eduard
Simson, der mir von da ab ein lieber Jugendgenosse
wurde, wie unsere Mütter und Väter es einander gewesen waren. Eduard hatte, als seine Eltern unsere
Miether wurden, eben mit fünfzehn Jahren sein Stu-
denten-Examen gemacht, und geistvoll und strebsam, wie
er es war, fand er eben so viel Freude daran, mir von
seinen Collegien und Arbeiten zu sprechen, als mir die
Bücher mitzutheilen, die ihn beschäftigten. Er lernte
mit Leidenschaft, er lehrte eben so gern, so daß unser
Umgang uns Beiden gleich erfreulich und angenehm
war, und wie er meiner Lust am Aufnehmen gewiß
manche eigene Aufklärung verdankt, so danke ich ihm
eine Menge von Anregungen und von vereinzelten Kennt-
nissen und Belehrungen, die den großen Vortheil für

mich hatten, mir, eben weil sie vereinzelt waren, immer
neuen Stoff zum Denken zu geben. Auf diese Weise
kamen, als Simson die philosophischen Collegia von
Herbart besuchte, die ersten philosophischen Begriffe,
und in derselben Zeit ebenfalls durch ihn, einzelne
Schriften von Friedrich Jacobs an mich heran, die
mir neue Vorstellungen und Bilder aus dem klassischen
Alterthume zuführten.

Seit die Familie Simson das nach der Kneiphöfischen
Langgasse gelegene Vorderhaus unseres Hauses bezogen
hatte, während wir immer noch das Hinterhaus am
Kai bewohnten, hatten wir ein Paar Stuben und Kam=
mern des Vorderhauses zu unserer Wohnung mit hin=
zugenommen, und ich war dadurch aus der Kinderstube,
und in den Besitz eines besondern Zimmers gekommen,
das ich jedoch mit meiner Schwester theilte. Es war
ein sehr finsterer, kalter, völlig sonnenloser Raum, der
nur ein Fenster nach dem Hofe, dafür aber drei Thü=
ren hatte, die alle in kalte Kammern führten. Ueber
mir — die Stube lag in dem langen, schmalen Zwi=
schengebäude, das eine Straße lang, das Vorderhaus
mit dem Hinterhause verband — hatte ich ein flaches
Dach, auf dem ein großer Balkon, ein sogenannter
Schauer war; — unter meiner Stube befand sich einer

von meines Vaters Wein=Lagerräumen, deſſen Geruch
immer in meine Stube drang. Aber der Besitz dieses
Zimmers machte mich doch ſehr glücklich, und ich trug
in daſſelbe zuſammen, was ich nur an kleinen Zier=
rathen habhaft werden konnte. Das war freilich nicht
viel, und meine eigenen, ſehr mittelmäßigen eingerahm=
ten Kreidezeichnungen und meine noch ſchlechter gemal=
ten Fruchtſtücke, die über dem höchſt unbequemen Sopha
hingen, bildeten die Hauptverſchönerung.

Wür es nun das eigene melancholiſche Zimmer, das
mir ſolch ein Gefühl von Wichtigkeit gab, oder war es
die Lektüre von Roſaliens Nachlaß von Friedrich Ja=
cobs, die mich dazu begeiſterte, genug, ich kam ganz
plötzlich auf den Gedanken ein Tagebuch zu führen.
Bis dahin hatte ich mich begnügt, mir einzelne Stellen
aus den Büchern, welche ich las, zu excerpiren, aber
nun befriedigte mich das nicht mehr. Die jungen Mäd=
chen und Männer in dem Jacobs'ſchen Romane, den
ich mit Mathilde zuſammen geleſen, hatten mir gar zu
gut gefallen. Das ſanfte Gemiſch von edeln Empfin=
dungen und blaßblauen Schleifen, von Bällen und
Religiöſität, von Liebe, Schwindſucht und frommer To=
desempfindung, war ſehr nach meinem Geſchmack ge=
weſen, und da man mich in dieſer Zeit, Dank einer

eben graffirenden Thorheit, systematisch krank gemacht
hatte, und ich also wirklich mancherlei Leiden und Beschwerden zu erdulden hatte, so wurde es mir noch
leichter, mich in die Stimmung Rosaliens hineinzu-
phantasiren.

Das hing aber sonderbar genug mit dem Aufsehen
zusammen, welches in jenen Tagen die Fortschritte auf
dem Gebiete der Orthopädie zu machen angefangen
hatten. Bis dahin waren wir Alle, eben so wie unsere
Mütter und Großmütter, aufgewachsen, ohne daß man
besonders daran gedacht hätte, unser eigentliches körper-
liches Wachsthum zu überwachen. Wer nicht verwachsen war, galt ohne Weiteres für grade, und ich wüßte
auch nicht, daß aus der großen Zahl meiner Alters-
und Schulgenossen irgendwie gebrechliche oder verwach-
sene Frauen hervorgegangen wären. Wir saßen Alle
freilich in der Regel mehr als nöthig war, man ließ
uns auch ganz unnütze feine Handarbeiten, namentlich
viel Stickarbeiten in sogenannten Petit-Points am Rahmen ausführen, und wir selbst hatten den Ehrgeiz, für
diese Arbeiten den feinsten weißen Cannevas auszusu-
chen, wodurch sie die Augen noch mehr anstrengten,
und für die Haltung am Stickrahmen noch bedenklicher
wurden. Indeß Alles in Allem genommen befanden

wir uns, da der Körper sich in der Jugend viel bieten
läßt, vortrefflich, als mit einem male, durch die Zeitungen, oder Gott weiß durch welche Mittheilungen angeregt, sich über unsere Mütter die epidemische Angst vor
dem Verwachsen ihrer Kinder zu verbreiten begann.

Daß wir grade gingen und uns nichts Uebles anzusehen war, beruhigte unsere Mütter ganz und gar
nicht, und half uns nichts. In allen Familien wurden
Haussuchungen nach beginnenden Verkrümmungen gehalten, es war ein wahres Mißgeschick über uns herein-
gebrochen, und ehe wir es uns versahen, bestanden wir
aus lauter Gebrechlichen, und wurden Behufs der mit
uns zu beginnenden Kuren dezimirt. Drei Cousinen
von mir, die Töchter eines Hauses, kamen in die neu-
errichtete Königsberger orthopädische Anstalt, ein Paar
Mädchen aus der Oppenheimschen Familie wurden zu
Blömer nach Berlin gebracht, diese und jene von meinen Freundinnen bekamen in ihren Familien fabelhafte
Maschinen zu tragen, und wurden Nachts zu Hause
auf Streckbetten geschnallt; kurz es schien als könnten
unsere Mütter erst zur Ruhe kommen, wenn ihnen irgend ein Arzt die Gewißheit gegeben hatte, daß sie auch
so unglücklich wären, angehende Krüppel unter ihren
Kindern zu haben.

Ich für meinen Theil hatte so gut wie alle Andern viel
gesessen, hatte die Thorheit des Stickens so weit ausgedehnt, auf feinem Linon in Petit-Point zu arbeiten, aber
Dank der Sorgfalt meiner Mutter, hatte ich mich immer
sehr grade gehalten, und da ich eines der glücklichst organi-
sirten Augen habe, keine Art von Nachtheil von meinen
unnützen und mühseligen Handarbeiten gehabt. Indeß diese Sorgfalt meiner Mutter machte sie auch
geneigt, von der orthopädischen Epidemie mit angesteckt
zu werden. Sie fing an mich auszukleiden und zu betrachten, und machte dann eines Tages die unglückliche
Entdeckung, daß auch ich schief sei. Ihr Bruder, eben
unser Onkel Doktor, und ein Medizinalrath Ungher,
der Direktor der chirurgischen Klinik, wurden herbeige-
rufen, ich wurde hin- und hergedreht und gewendet,
und es wurde dann endlich festgestellt, daß ich zwar
einen tadellosen Knochenbau hätte, daß aber meine rechte
Schulter doch stärker sei als die linke, daß ich also
täglich eine Weile an einer Art von Reck hängen, täglich
eine Stunde auf der harten Diele auf dem Rücken
liegen, und alle vierzehn Tage vier bis sechs Blutegel
an die verdächtige Schulter gesetzt bekommen solle.

Mein Vater freilich sah das Alles als eine große
Thorheit an, indeß dem Urtheil gewiegter Aerzte war

nicht zu widersprechen, eine Verantwortung mochte er
vielleicht auch nicht übernehmen wollen, genug ich mußte
am Reck hängen, wovon ich Blasen und für Jahr und
Tag eine harte Haut in den Händen bekam, mußte
eine schöne Stunde täglich unnütz an der Erde liegen,
was mir Schmerz machte und mich tödtlich langweilte,
und nachdem man Jahr und Tag die noch viel un=
nützeren und mir höchst nachtheiligen Blutentziehungen
fortgesetzt hatte, fing man an sich sehr zu wundern,
daß ich fortwährend über Kopfschmerzen, über Schwin=
del und Herzklopfen klagte, die wahrscheinlich nur die
nothwendige Folge der Blutentziehungen gewesen sind.
Man war aber weit entfernt, sie dafür zu halten, son=
dern man verordnete mir starke Bewegung — mein
Vater ließ mich täglich im Hofe eine halbe Stunde
Wasser in die Anker und halben Anker pumpen, die
dort zum Spülen lagen — und statt mich ordentlich zu
ernähren, weil ich mager geworden war, ließ man mich
während der Sommermonate eine rein vegetabilische
Kost genießen, um, wie es hieß, mein Blut zu verdünnen.

Daß ich auf diese Weise es glücklich zu einem An=
satz von Bleichsucht und zu sehr feinen Empfindungen
brachte, war nur natürlich. Ich war noch leichter als
vorher zu rühren, verrieth einen mir bisher ganz fremden

Hang zum Elegischen, und dachte viel an meinen Tod.
Mathilde, die ein paar Geschwister in unserm Alter
verloren hatte, half mir dabei nach besten Kräften, ob=
schon sie wie das Leben selbst aussah, und an ihrer
schönen Gestalt keine orthopädischen Strapazen zu er=
dulden hatte; und was ich von Schwärmerei am Tage
mitten in dem Spektakel der Kinder und mitten im
Haushalt nicht hatte fertig bekommen können, das ver=
traute ich Abends beim Schimmer eines spärlichen Talg=
lichtes, in der eiskalten Stube, den verschwiegenen Blät=
tern meines Tagebuches an, das ich, beiläufig bemerkt
der guten Ulrich'schen Schulordnung getreu — hübsch
in blaues Deckelpapier eingenäht, und mit dem festge=
nähten reglementsmäßigen Löschblatt versehen hatte.

Das trieb ich mit großem Selbstgenuß eine ganze
Zeit so fort. Fror mich Abends bei dem Schreiben,
was in dem kalten Zimmer sehr natürlich war, so
„fühlte ich die Schwingen des Todes über mir wehen.“
War ich schläfrig und sah ich bei dem spärlichen Lichte
schlecht, so „schloß sich mein Auge vor dem trügerischen
Schein der Welt“. Kurz jedes Wort, das ich schrieb,
war eine leere Phrase oder eine Affektation. Während
meine Putzsucht recht groß, mein Hang zum Vergnügen
sehr gesund waren, während jede Galanterie, die man

mir erzeigte, mir ein wirkliches Vergnügen bereitete, und während ich im Grunde sehr wohl mit mir und meinen Erfolgen zufrieden war, hatte ich, als mir der zweite Herbst in meinem eigenen Zimmer herankam, zwei saubere Quartbücher voll geschmachtet und voll gewinselt, und saß eines Abends wieder da, um „meine Gedanken zu sammeln, ehe sich mein Auge wieder über einem meiner Tage schloß." Dabei kam ich auf den glücklichen Einfall, einmal im Zusammenhange über=schauen zu wollen, was ich erlebt und empfunden hatte. Ich wollte doch wissen, wie meine hinterlassenen Be=kenntnisse auf die Ueberlebenden wirken würden, und äußerst gerührt, mit Thränen in den Augen, fing ich an zu lesen, und las und las — und es fiel mir wie Schuppen von den Augen.

Nicht ein Wort war wahr von allen dem, was ich seit fünf Viertel Jahren zusammengeschrieben hatte. Ich hatte von Seelenleiden geredet, die ich gar nicht kannte, von einer Sehnsucht, die ich nie gehegt. Ich war ganz benommen, ganz verdutzt über mich selbst. Ich war mir widerwärtig und lächerlich zugleich. Ich besann mich, was mir denn eigentlich gefehlt habe? Ich hätte mich wirklich gefreut, hätte ich auch nur gefunden, daß ich in irgend Jemand verliebt sei. Aber ich befand

mich in dem erwünschtesten Gleichgewichte, und meine
Rechtschaffenheit hielt es mir bitter vor, wie unwürdig
es sei, sich so mit erborgtem Gefühlsplunder aufzuputzen.
Mein Verstand sagte mir dazu, wie undankbar es sei, sich
ohne Grund unglücklich zu nennen; und ich kann nicht
anders als den Ausdruck brauchen, mit dem ich damals
meinen Zustand in mir selbst bezeichnete: ich kam mir
wie ein Falschmünzer und im höchsten Grade malhon=
nette vor. Das war ein Wort, welches mein Vater
für solche Unredlichkeiten brauchte, und ich hatte, nun
ich mich einmal auf mich selbst besonnen, auch nicht
eher Ruhe, bis das letzte Blatt dieser Lügenchronik im
Ofenfeuer verkohlt war.

Damit endeten meine Selbstbespiegelungen ein für
alle Mal, und ich hatte gegen allen Selbstbetrug eine
solche Abneigung bekommen, daß ich nie wieder ein re=
gelmäßiges Tagebuch geführt habe. Schrieb ich später
hie und da einmal eine Notiz für mich auf, so war es,
um mir die Erinnerung an etwas, das ich gelesen hatte,
an eine augenblickliche Lage, oder auch, um mir eine
Bemerkung über Dritte festzuhalten, und selbst diese
fast sachlichen Aufzeichnungen begann ich erst wieder
im Jahre achtzehnhundert vier und dreißig, als ich zum

brei und zwanzigsten Geburtstage von einem meiner
Verwandten ein Tagebuch geschenkt bekam, und meiner
innern Wahrhaftigkeit ziemlich sicher sein durfte.

Ich habe aber aus dieser an mir selbst gemachten
Erfahrung das Bedenkliche der Tagebücher für junge
Personen erkennen lernen, und eigentlich, so oft mir
regelmäßig geführte Tagebücher von Mädchen oder Frauen
zu Gesichte kamen, immer die Bemerkung gemacht, daß
sie unwahr und ein Unsegen für ihre Besitzerinnen
waren. Das Leben der meisten Frauenzimmer ist ein-
förmig, ihr Gedankenkreis in der Regel sehr beschränkt,
und ihr Sinn daher auf das Kleinleben in ihrer Nähe
gerichtet, das möglichst einfach und leicht genommen
werden muß, wenn es erfreulich und vernünftig fort-
entwickelt werden soll. Hat man sich aber einmal vorgenommen, täglich Etwas aufzuschreiben, fängt man erst
an, in sich hineinzublicken und auf die Andern zu achten,
um etwas Besonderes zu finden, so gewöhnt man sich
bald, das, was man einfach als seine Obliegenheit zu
thun hat, als eine Pflichterfüllung, das, was die Andern uns Angenehmes oder Widerwärtiges bereiten,
auch als äußerst bedeutende Dinge anzusehen, und es
kommt dann regelmäßig darauf hinaus, daß sich sehr

gewöhnliche Frauenzimmer in den allergewöhnlichsten
Lagen zu unverstandenen Seelen und edlen Dulderinnen
hinaufschwindeln. Ein frohes, fröhliches, gesundes Frauen=
tagebuch ist mir nie vorgekommen; sie waren alle nichts
nutz, und wie das meine zu nichts Weiterm gut, als
den Ofen damit zu heizen. Mütter, die ihre Kinder
zu ähnlichen Aufzeichnungen anhalten, begehen daher
nach meiner Ueberzeugung einen großen Fehler, wäh=
rend es der Jugend und den Frauen sehr heilsam ist,
sich Excerpte des Gelesenen zu machen, und so ihren
geringen Gedankenvorrath mit den Gedanken großer
und reifer Denker zu erweitern und zu bereichern.

Für mich war es eine eigene Erfahrung, daß mir,
so oft ich mich innerlich auf einem falschen Wege be=
fand, jedesmal die Worte einfielen, welche unser frühe=
rer Lehrer Herr Motherby, bei dem Abgang aus der
Schule mir in das Stammbuch geschrieben hatte. Sein
Zuruf: tâcher de défaire notre esprit de l'erreur et
notre coeur de l'égoisme, voilà la grande tâche de
notre vie, voilà le but de toute éducation; de cette
éducation de nous même, qui commence quand nos
instituteurs nous quittent, quand la main de ceux,
qui ont veillés sur notre enfance ne nous guide

plus! — ist mir oft, sehr oft im Leben ernsthaft mah=
nend in den Sinn gekommen, und ich habe dieser Sen=
tenz vielmal ernstes Inmichgehen und große innere
Fortschritte zu danken gehabt.

———————

Fünfzehntes Kapitel.

Während ich so mich geistig auszubreiten und meinen bestimmten Platz in dem Kreise meiner Jugendgenossen einzunehmen begann, blieb die strenge häusliche Zucht und des Vaters eiserner Wille immer über mir schweben. Ich konnte denken und empfinden, was und so viel ich wollte, aber ich mußte thun, was mir oblag; und je freier ich mich innerlich zu entwickeln geneigt schien, um so unerbittlicher und strenger wurden die Forderungen, welche mein Vater an meinen Gehorsam und an meine Pflichterfüllung stellte.

Nicht die kleinste Lässigkeit wurde mir jemals nachgesehen, Nichts, was ich mir einmal vorgenommen hatte, durfte ich unausgeführt lassen, und ich erinnere mich dabei an ein Paar Vorfälle, welche meines Vaters Weise, mich zu behandeln, charakterisiren.

Ich hatte seit Jahren gewünscht, meiner Mutter, wie es damals Mode war, einen Pompadour in petit point zu sticken, hatte aber vom Vater weder die

Erlaubniß, noch das Geld dazu erlangen können. Endlich im Sommer von sechs und zwanzig, als ich vor
der Mutter Geburtstag meine Bitte erneuerte, mußte
ich einen „Kostenanschlag" des Kannevas, der Stickseide,
der Muster, Borten, Schnüre und des silbernen Schlos=
ses machen, der sich zusammen auf sechs, sieben Thaler
belief, was damals in unsern Verhältnissen allerdings eine
sehr große Ausgabe für einen Luxusgegenstand war. Weil
ich aber eine förmliche Ehre darein setzte, die Mutter
mit solch einer Handarbeit zu überraschen, erhielt ich
das Geld, und machte mich an die Arbeit, an der ich
jedoch nur Morgens, ehe die Mutter aufstand, und
Nachmittags von zwei bis vier Uhr nähen konnte, wenn
sie schlief.

Unglücklicher Weise hatte ich jedoch, um meinen
Pompadour recht schön zu machen, den Kannevas so
fein gekauft, daß sich Muster, die für große Rückenkissen
ausreichend gewesen wären, auf den kleinen Raum eines
Pompadours zusammenzogen, und während ich in dem
Gedanken schwelgte, daß die Taube, welche auf Rosen
und Vergißmeinnicht lag, und der Kranz von Sommer=
blumen auf der andern Seite, wie gemalt aussehen
würden, sah ich einen Tag um den andern verstreichen,
und an jedem Tage die Unmöglichkeit wachsen, diese

Arbeit bis zum zwanzigsten August, dem Geburtstag meiner Mutter, auch nur zur Hälfte fertig zu bekommen.

Mit einer vorgesetzten Arbeit nicht fertig zu werden, war aber etwas, was mein Vater „nicht statuirte;" und obschon ich mir nicht klar machen mochte, was geschehen würde, wenn ich im Rückstand bliebe, so hatte ich doch die Ahnung eines mir drohenden Unheils, das ich um jeden Preis zu vermeiden wünschte. Ich stand, was mir immer sehr schwer wurde, in der größten Frühe auf, ich nahm meinen Stickrahmen mit, so oft ich einen Besuch außer dem Hause machen durfte, meine ganze Seele war auf die Taube mit ihren Rosen gestellt, und mein Vater, der wohl sah, in welcher Noth ich mich befand, schwieg ganz still. — Endlich, etwa acht Tage vor dem Geburtstag, kam er eines Nachmittags, als ich auch wieder an meinem Rahmen saß, in meine Stube, und fragte, wann ich fertig sein würde? —

Sehr beklommenen Herzens steckte ich die Arbeit auf, bekannte, daß ich nicht einmal die erste Hälfte beendet hätte, betheuerte, daß ich Alles gethan, was in meinen Kräften gestanden habe, aber ich hätte die Arbeit unterschätzt und es werde mir nicht möglich sein, auch nur die eine Seite bis zum Geburtstag herzustellen.

6*

Mein Vater verzog keine Miene. Wenn diese erste Hälfte nicht zum Zwanzigsten fertig ist, sagte er, so werde ich sie zerschneiden, damit Du einen Denkzettel daran hast, daß ein vernünftiger Mensch Nichts anfängt, was er nicht durchführen kann. Danach richte Dich! —

Nun saß ich da! — Daß der Vater Wort halten würde, daß ihm an der zerstörten Arbeit, an meinem Kummer, an der unnützen Geldausgabe gar Nichts gelegen sei, wenn es galt seinen Willen durchzusetzen, und mir eine Lektion zu geben, darauf kannte ich ihn, und wollte ich dem angedrohten Schicksal entgehen, so blieb mir Nichts übrig, als die Nacht für meine Arbeit zu Hilfe zu nehmen, was ich denn auch that, obschon es wirklich eine Sünde gegen meine Augen war. — Ich hatte aber am bestimmten Tage wenigstens die erste Hälfte meiner Arbeit fertig, und die Genugthuung, daß die Mutter sich freute, und der Vater mir sagte, es sei ihm lieb, daß ich mich zusammengenommen hätte.

Um dieselbe Zeit hatte ich mir angewöhnt, die Stubenthüre schlecht zuzumachen, oder sie, wenn ich eilig war, auch aufzulassen, und mehrfache Erinnerungen waren

vergeblich dagegen gewesen. Da befand ich mich eines
Abends sehr heiter in einer Gesellschaft bei einer meiner
Tanten, man tanzte, und ich fühlte mich sehr als Dame,
als plötzlich das Dienstmädchen mit der Meldung hereintrat, unser Hausknecht sei unten, und der Vater lasse
mir sagen, gleich nach Hause zu kommen. Sehr erschrocken, und überzeugt, daß meiner Mutter, die damals
schon viel kränkelte, etwas zugestoßen sein müsse, eilte
ich fort. Der Hausknecht wußte mir nicht zu sagen,
was geschehen sei, und in der größten Sorge kam ich
die beiden Treppen hinauf, und in das Wohnzimmer.
Da saß mein Vater ruhig lesend auf dem Sopha, die
Mutter mit dem Strickzeug neben ihm, die Geschwister
mit ihren Schularbeiten an dem Tische; und ohne mir
Zeit zu einer Frage zu lassen, sagte mein Vater mit
völliger Gelassenheit: Du hast, als Du fortgegangen
bist, wieder die Thüre aufgelassen; mache die einmal
zu! — Ich stand wie angenagelt, die Thränen kamen
mir in die Augen, und ich wollte still Mantel und Hut
ablegen, um zu Hause zu bleiben; aber auch das gab
mein Vater nicht zu. Ich mußte mich wieder zurecht
machen, der Hausknecht begleitete mich abermals, und
mit einer nicht zu beschreibenden Empfindung kehrte
ich in die Gesellschaft zurück, wo dann freilich nach ei-

ner Stunde die Lust an Spiel und Tanz die Oberhand über meine innere Demüthigung gewann.

Alle solche Gewaltmaßregeln entsprangen aber bei meinem Vater nicht aus Launen, sondern aus dem Grundsatz, mich verläßlich, fest und selbstständig zu machen. Hatte ich gegen irgend Etwas eine Abneigung, so mußte ich grade das thun; war im Hause Etwas zu leisten, wogegen weibliche Empfindlichkeit sich sträubt, so mußte ich es übernehmen, und ich erinnere mich noch, wie schwer es mir wurde, als ich meinen jüngern Schwestern die Ohrlöcher einstechen mußte, nachdem eine alte Frau es mir an ein paar armen Kindern vorgemacht hatte. Wagte ich es einmal, irgend etwas Derartiges von mir ablehnen zu wollen, so hieß es: ich habe in Dir das Vorbild für sieben Geschwister zu erziehen. Gebe ich Dir nach, so habe ich mit jedem Einzelnen von vorn anzufangen, und da Du das Glück hast, die Aelteste zu sein, hast Du auch die Pflicht, uns Eltern in Dir die Erziehung für die Andern erleichtern zu helfen. — Hundertmal habe ich in solchen Momenten das Glück meiner Erstgeburt verwünscht. Wollte ich keine Fische essen, die mir damals wirklich widrig waren, so mußte ich sie des Beispiels wegen genießen; — wehrte ich mich einen Frosch, eine Spinne zu berühren, so bekamen die Brüder die Anweisung, sie mir in die Hand zu drücken; — sah mein Vater, daß gewisse Töne, wie das Quitschen von Messern auf Porzellan, mich unangenehm berührten, so erhielten die Brüder Erlaubniß mir solch ein Tellerkonzert vorzumachen. Und wie mit diesen äußern Dingen, verfuhr der Vater unerbittlich, so bald ich eine Gemüthsschwäche, einen Schreck, ein Zeichen von Unüberlegtheit oder von Faſſungsloſigkeit verrieth. Seine eigenen Schwestern tadelten ihn deshalb, und ich hörte einmal, wie die Aelteste ihm sagte, man müſſe mit weiblichen Schwächen Nachsicht haben, und er werde mich mit seinen Abhärtungs-Experimenten für mein ganzes Leben nervenschwach machen. — Sei so gut und überlaß das mir! antwortete er ganz kurz; und heute noch, so schwer mir damals häufig seine Strenge wurde, segne ich es, daß er kein unnützes Mitleid mit mir, daß er kein Erbarmen mit jenen Weichlichkeiten hatte, welche die Frauen in sich als weibliche Zartheiten kultiviren, und daß er nicht sowohl daran dachte, mir die Tage der Jugend leicht, als mich für das Leben zu meinem und zu anderer Menschen Nutzen brauchbar zu machen. —

Daß mein Vater übrigens streng oder ungerecht gegen mich sei, das zu denken fiel mir bei dem unbe-

dingten Zutrauen, das ich in seine Einsicht, bei der
Verehrung, die ich vor seiner ernsten Selbstbeherrschung
und seiner unermüdlichen Thätigkeit hatte, gar nicht
ein; und seine Güte und seine milde Gerechtigkeit waren auf der andern Seite so überwiegend und so über-
wältigend, daß ich die Empfindung, mit welcher ich und
alle Geschwister an ihm hingen, nur mit der Bezeichnung einer anbetenden Liebe zu charakterisiren weiß.

Nie ist es ihm begegnet, einer heftigen Aufwallung
gegen uns Raum zu geben oder ein schmähendes Wort
gegen uns zu sprechen; nie habe ich, seit ich erwachsen
war, ihn einen Tadel oder einen Vorwurf gegen mich
anders als unter vier Augen aussprechen hören. Selbst
die Gegenwart der Mutter suchte er dabei zu vermeiden, weil deren nervösere Natur leicht gereizt wurde,
und Tadel oder Vorwürfe herbeizog, die mit dem vor-
liegenden Falle Nichts zu schaffen hatten. Bei allen
seinen Ermahnungen waltete immer der ausgesprochene
Grundsatz vor: der Mensch kann nicht zurückleben!
Ueber das, was geschehen ist, ist also nur in sofern zu
sprechen, als es in Zukunft vermieden werden soll! —

Thränen, Reue, Zerknirschung waren Dinge, die
ihm im höchsten Grade zuwider waren; und wie er
die Meinung hatte, daß jeder Mensch sich täglich im

Spiegel betrachten müsse, um Herr und Meister über
sich und seine Mienen zu bleiben, so führte er uns
an den Spiegel, wenn wir weinend uns gedemüthigt
zeigten. —

'Sieh wie Du aussiehst! Verdirb Dir das Gesicht
nicht! Die Sache ist abgethan, mache es künftig besser!'
Das waren die Worte, mit denen er uns fast immer
entließ, wenn er uns nach einem Verweise die Hand
gab, und uns küßte. Sein ganzes Verlangen war darauf gerichtet, uns zu besonnenen Menschen heranzu-
bilden, denen ihre eigene Vernunft der Gesetzgeber, ihr
Bewußtsein der Richter, und das Gute und Rechte
üben weil es das Gute und Rechte sei, der Beweg-
grund der Handlungen sein sollte. Dabei suchte er
unser Selbstgefühl auf das Endschiedenste zu kräftigen.
Als kleine Kinder durften wir sogar von unsern Onkeln
und Tanten nicht das geringste Geschenk an baarem
Gelde annehmen. Geld, hieß es, dürfe man nur von
seinem Vater erhalten, sonst müsse man Nichts annehmen, was man nicht verdient habe. Du hast Dich
gut benommen! Du hast vernünftig gehandelt! Das
waren aber die höchsten Lobsprüche, die wir je von ihm
erhalten haben.

Auf diese Weise, und das ist die Hauptsache bei

aller Erziehung, waren die Erörterungen, welche sich
auf dieselbe bezogen, ungemein kurz und selten. Jenes
keifende Tadeln, das immer die Gegenrede, die Ver-
theidigung hervorruft, und damit zu dem ganz verwerf-
lichen Parlamentiren zwischen Eltern und Kinder führt,
das unter dem Titel der zutrauensvollen Ueberlegung
mit den zu erziehenden Kindern, nur zu sehr Mode
geworden ist, waren bei uns eine Unmöglichkeit. Es
fiel dem Vater nicht ein, unreife Menschen als seines
Gleichen anzusehen. Selbst als er uns in spätern Jahren in seinem Herzen wohl mündig sprechen mochte,
hielt er uns an dem Gedanken fest, daß wir Nichts
thun dürften, was wir vor ihm nicht vertreten könnten.

Neben dem ernsten Verkehr, den er mit uns Allen hatte,
gab er mir sehr früh auch ernste Bücher in die Hand.
Ich war im sechszehnten Jahre, als ich zum ersten
male und mit der größten Erbauung die Kant'sche An-
thropologie las. Mein ganzes Leben, meine ganze Erziehung hatten mich darauf vorbereitet, mir die einfachen
Begriffsbestimmungen einleuchtend und werth zu machen, und mehr noch, als mein Vater es vielleicht erwarten und wissen mochte, wirkten Capitel, wie die
vom Begehrungsvermögen, vom Charakter der Person,
vom Charakter des Geschlechtes, auf mich ein. Sich

frei zu machen von üblen Eigenschaften, um in ihnen
den Andern keine Handhaben für ihre Herrschaft über
uns zu bieten; sich zu überwachen und zu vereblen, um
frei und selbstherrlich zu werden, das waren Lehren,
die meinem innersten Wesen begegneten. Die bestimmte
Definition der Charaktereigenschaften und der Charakter-
fehler brachten mich zu einem Nachdenken über mich selbst,
das mir förderlich war, und zu dem festen Vorsatz, nach
allen Seiten Herrschaft über mich selbst zu erlangen,
damit Andere sie nicht über mich gewinnen könnten.

Einzelne Auseinandersetzungen, wie die über das
Wesen der Frauen, machten mich am meisten betroffen.
Es hieß z. B. „die Weiblichkeiten heißen Schwächen.
Man spaßt darüber; Thoren treiben damit ihren Spott,
Vernünftige aber sehen sehr gut, daß sie grade die
Hebezeuge sind, die Männlichkeit zu lenken, und sie zu
jener ihrer Absicht zu gebrauchen. Der Mann ist
leicht zu erforschen, die Frau verräth ihr Geheimniß
nicht, obgleich Anderer ihres (wegen ihrer Redseligkeit)
schlecht bei ihr verwahrt ist. Er liebt den Hausfrieden
und unterwirft sich gern ihrem Regiment, um sich in
seinen Geschäften nicht behindert zu sehen. Sie scheut
den Hauskrieg nicht, den sie mit der Zunge führt, und
zu welchem Behuf die Natur ihr Redseligkeit und

affektvolle Beredtheit gab, die den Mann entwaffnet. Er fußt sich auf das Recht des Stärkern, im Hause zu befehlen, weil er es gegen äußere Feinde schützen soll; Sie auf das Recht des Schwächern: vom männlichen Theile gegen Männer geschützt zu werden, und macht durch Thränen der Erbitterung den Mann wehrlos, indem sie ihm seine Ungroßmüthigkeit vorrückt."

Das gab mir eine große Abneigung gegen die sogenannte schwache Weiblichkeit. Ich wollte einmal, das nahm ich mir fest vor, bei den Männern weder durch meine Schwäche Mitleid erregen, noch über sie durch Schwächen herrschen, welche ihnen lästig fielen; und statt des Verlangens meiner Kindheit, so viel zu lernen wie die Knaben, ward nun das Streben in mir wach, in meinem Kreise so tüchtig zu werden, wie die Männer in dem ihren, und nicht ihren Schutz und ihre Galanterie, sondern ihre Anerkennung und ihre Achtung zu gewinnen. Da aber in einem jungen Kopfe vernünftige Ansichten meist einige kleine unvernünftige Schößlinge erzeugen, so bekam ich einen Widerwillen gegen gewisse Arten der gewöhnlichen männlichen Höflichkeit. Ich mochte es nicht leiden, wenn man mir anbot, meinen Schirm oder meinen Schawl zu tragen, oder mir einen ähnlichen Dienst zu leisten.

Es kam mir das wie eine den Männern nicht geziemende Dienstbarkeit vor, zu der sie sich nur verständen, weil sie uns wie hilflose Kinder betrachteten; und je mehr meine ganze Seele voll war, von einem Ideal von männlicher Würdigkeit, das ich mir aus den Eigenschaften meines Vaters erbaut und mit der jugendlichen Liebenswürdigkeit verschiedener Romanhelden geschmückt hatte, um so mehr wollte ich werth werden, die Liebe eines solchen Mannes zu verdienen, und eine ihm zupassende Frau zu werden.

Mein Vater nährte diese Ideen, so weit sie ihm im Leben zufällig sichtbar wurden, auf das Entschiedenste. Er fand die Stellung der Frauen traurig, und kam man bei uns darauf einmal zu sprechen, so pflegte er zu sagen, die Juden wüßten wohl, weshalb sie ihrem Gotte täglich dafür dankten, als Männer geboren zu sein. Er wies uns dann wohl auf die Goethe'schen Verse hin:

> Der Frauen Zustand ist beklagenswerth.
> Zu Haus' und in dem Kriege herrscht der Mann
> Und in der Fremde weiß er sich zu helfen.
> Ihn freuet der Besitz; ihn krönt der Sieg!
> Ein ehrenvoller Tod ist ihm bereitet.
> Wie eng-gebunden ist des Weibes Glück!
> Schon einem rauhen Gatten zu gehorchen,
> Ist Pflicht und Trost; wie elend, wenn sie gar
> Ein feindlich Schicksal in die Ferne treibt!

Aber er that das nur, um uns damit Fügsamkeit
in das Unvermeidliche zu predigen, um danach seinen
Grundsatz auszusprechen, daß jede Frau sich verhei=
rathen müsse, daß die verheirathete Frau, auch wenn
ihr ein beschränktes Loos und ein ihr nicht zupassender
Mann zu Theil geworden sei, immer noch ein benei=
denswerthes Schicksal neben der unverheiratheten habe,
weil sie sich in dem ihr naturgemäßen Berufe bewege,
und daß eine Frau, die in sich selbst gefestigt sei und
neben ihrem naturgemäßen Berufe ein eignes inneres
Leben habe, immer glücklich sein könne, wenn sie ihre
Pflicht gegen ihren Mann erfülle, und ihre Kinder
gut erziehe. Sie besitze dann alle Elemente der Zu=
friedenheit, sei vollkommen was sie sein solle, und
außerdem stehe es fest, daß die Frau die Beste sei,
von der man außerhalb ihres Hauses gar Nichts wisse
und Nichts spreche.

Er sagte das immer mit rühmendem Bezug auf
unsere Mutter, aber er bedachte nicht, daß alle An=
leitung, welche ich von ihm erhielt, darauf hinauslief,
mich in vielem Betrachte zu dem Gegensatz von ihr
zu machen. Während er mir unablässig vorhielt, daß
ich bestimmt sei, eine fügsame, häusliche, von ihrem
Manne abhängige Frau zu werden wie sie, hatte er

mir längst eine Selbstständigkeit und Charakterfestig-
keit eingeflößt, die er unterschätzte, weil meine Liebe
und Verehrung vor ihm mich ihm in blindem Gehorsam unterwarfen. Seine Ansichten nicht zu theilen,
fühlte ich mich bereits durchaus berechtigt; und ich
theilte sie z. B. in Bezug auf die Pläne, welche er
für meine einstige Verheirathung hatte, ganz und gar
nicht. Aber, wenn ich mir auch immer vorhielt, daß
ich mich nie zu einer mir nicht zusagenden Heirath
zwingen lassen würde, so kam mir doch nicht der Gedanke, daß ich es wagen könnte, jemals eine Heirath
oder sonst irgend einen Schritt, ohne meines Vaters
Zustimmung zu thun. Ich fühlte mich in dieser Beziehung
durchaus als sein Eigenthum, — nur mich an einen
Andern fortzugeben, wenn ich es nicht wollte, das
Recht gestand ich ihm nicht zu.

Sechzehntes Kapitel.

In dieser Zeit war es, daß ich die Bekanntschaft eines jungen Mannes machte, der auf meine nächsten Jahre und auf meine Entwicklung überhaupt, einen großen Einfluß gewann. Ich hatte eine Tanzstunde mit fünf von den jungen Mädchen aus der Oppenheim'schen Familie und zwei von den Töchtern des Konsistorialrath Kähler. Unsere Tänzer waren, mit Ausnahme eines jungen Auskultators, Studenten, und da die Stunden nur einmal in der Woche, und zwar in den verschiedenen Häusern der Oppenheim'schen Familie gehalten wurden, waren es immer kleine Tanzgesellschaften, zu denen nach den Stunden sich die Gäste einstellten, und die man uns durch allerlei Veranstaltungen noch zu beleben und noch angenehmer zu machen wußte. Man stellte lebende Bilder, man improvisirte Sprichwörter und führte im Laufe des Winters auch drei oder viermal Lustspiele auf, bei denen die Theilnehmer der Tanzstunde und einige der

ältern Mädchen und Männer der Oppenheim'schen Familie die Akteure machten. Ich selbst hatte an diesen
Komödienspielen gar keinen Theil, weil mein Vater mir
dergleichen Verkleidungen und Schaustellungen nicht gestattete. Ich mußte, weil meine Mutter den Winter
leidend und der Stille wegen zu mir in meine Stube
gezogen war, auch in der Regel früher als die Uebrigen die Gesellschaft verlassen, aber das Alles störte
mich in meinem Vergnügen nicht. Die Tanzstunden
waren der Gedanke meiner Tage, und so sehr der
Traum meiner Nächte, daß ich im Schlafe davon
sprach, und meiner Mutter dadurch oft beschwerlich
fiel.

Gegen das Frühjahr hin, als die Stunden sich
ihrem Ende näherten, gab man in dem Kähler'schen
Hause eine Gesellschaft, in welcher unser froher Kreis
noch einmal zusammenkommen sollte. Es waren
Freunde des Sohnes, der auch Student und einer
unserer Tänzer gewesen war, Freundinnen der Töchter,
einige Verwandte des Hauses und einige von den
jungen Männern geladen, welche die Collegia des
Consistorialraths besuchten, so daß die Anzahl der
Personen, welche ich nicht kannte, recht groß war.
Da man in dem Hause nicht tanzte, wurden Spiele

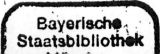

gespielt, und der Abend verging uns, weil der ganze
Ton in der Familie ein geistig gehobener war, sehr
angenehm. Ich hatte Mathilden, die nicht mit dabei
gewesen war, am andern Tage viel zu berichten, und
erzählte ihr, daß, als ich bei dem Fortgehen in den
Wagen meiner Freundinnen eingestiegen sei, ein großer
junger Mann den Bedienten fortgeschoben habe, um
mir hineinzuhelfen. Sie fragte mich, wer es gewesen
sei, ich wußte aber seinen Namen nicht.

Einige Tage darauf besuchte mich eine der Kähler'schen Töchter, eines der lieblichsten Geschöpfe, das
man sich denken konnte. Ihr goldblonder Lockenkopf,
ihre hellblauen Augen, gaben ihr bei einer starkge-
bogenen, kühnen Nase und dem blendendsten Teint
einen unwiderstehlichen Reiz, und ihre große Lebendigkeit ließ sie, da sie klein war, leicht wie einen
Vogel erscheinen. Sie kam lachend zu mir in das
Zimmer, und kaum befanden wir uns allein, als sie
mich in ihrer fröhlichen Weise fragte: hast Du nicht
Lust zu heirathen? —

Ich sah sie verwundert an, obschon man an ihr,
sie war auch nur siebenzehn Jahre, und also nur ein
Jahr älter als ich, alle Arten von Uebermuth gewohnt war; aber sie nahm eine ernsthafte Miene an,

und sagte: nein! ich scherze nicht. Du hast doch unseren Verwandten, den Leopold ... gesehen? Der hat
fest erklärt, er werde Dich heirathen, oder nie eine
Andere, und das ist Einer, der so Etwas hält. Du
weißt nun, wonach Du Dich zu richten hast!

Wir lachten Beide immer auf's Neue darüber,
und amüsirten uns vortrefflich damit. Es wurde be-
sprochen, daß Leopold in den nächsten Tagen sein theologisches Lizentiatenexamen machen würde, daß er
Hauslehrer in einer Kaufmannsfamilie sei, und am
meisten erlustigten wir uns mit dem Witze meiner
Freundin, daß ich als seine Frau ihn niemals würde
„unterfassen“ können, weil ich viel zu klein sei, ihm
auch nur bis an den Arm zu reichen. Wir behan-
delten den Gegenstand nicht anders, als wir fünf,
sechs Jahre vorher beim Spielen unsere erfundenen
Familien-Verhältnisse behandelt hatten, denn wir waren
im Grunde unseres Wesens doch noch völlige Kinder,
trotz der mancherlei Dinge, die wir gelernt hatten, und
trotz der ernsten Gedanken, die wir zu denken vermochten, wenn wir dazu angeregt wurden; und ich
meine, es ist gut, daß es so war. Es lassen sich in
dem Entwickelungsgange eines Menschen keine Stufen
ungestraft überspringen, es will Alles gelernt und ent-

faltet sein, am meisten aber die Kraft der Liebe. Denn was man von der Gewalt der ersten Liebe in den Herzen sehr junger Personen spricht, davon habe ich niemals einen Beweis erlebt, obschon solche jugendliche Zuneigungen bisweilen zu ganz glücklichen Ehebündnissen führen. Daß aber unfertige Menschen nicht in sich die höchste Blüthe ihrer Natur, eine große, bewußte Liebe erzeugen können, das hat meine Beobachtung mir fast zu einem Dogma erhoben.]

Einen Eindruck machte mir die Mittheilung meiner Freundin dennoch, so muthwillig wir auch darüber sprachen, und ich konnte mir es nicht erklären, weshalb ich nicht einmal wüßte, wie der junge Mann aussah, der sich freilich mehr zu den Eltern meiner Freundin als zu uns gehalten, und nur hie und da an unserm Zeitvertreibe Theil genommen hatte. Auch in den folgenden Wochen und Monaten sah ich ihn nur hie und da von fern mit andern jungen Männern, die ich kannte; aber die Neckereien meiner Freundinnen dauerten fort, und ich erfuhr von ihnen, daß Leopold aus dem Harz gebürtig, daß er der Sohn eines Landpredigers, und daß er ein sehr reiner und idealistischer Charakter sei. Alle seine Studiengenossen schätzten ihn hoch, und ich war ebenso neugierig ihn kennen zu

lernen, als beschäftigt und geschmeichelt durch den
Gedanken, einem solchen jungen Manne durch ein ganz
oberflächiges Begegnen einen so großen Antheil eingeflößt zu haben.

Endlich gegen das Ende des Frühlings machten
die Eltern einmal mit uns eine Nachmittagspartie vor
das Thor, zu der einige Mädchen meiner Bekanntschaft
und mehrere junge Leute eingeladen waren. Die Gegend um Königsberg ist eine Meile im Umkreise sehr
flach und sandig. Außer den Dämmen am Pregel-
ufer, die sich bis zum Ausfluß des Pregels in das
Haff hinziehen, findet man nur vor dem Stein-
dammenthor, ein etwas gewelltes Terrain, und hie
und da, wie in der neuen Bleiche, im Julchenthal
und weiter hinaus im Jubitherwalde, einige Punkte,
die freundlich und einladend, und zum Verweilen angethan sind. Wer wie wir nur selten einen Stellwagen benutzen konnte, mußte sich mit diesem bescheidenen Naturgenuß genügen lassen, und glücklicher Weise
ist es nicht die Schönheit der Gegend, sondern die
Empfänglichkeit des Menschen, durch welche seine
Freude an der Natur und Welt um ihn her bestimmt wird.
Das Julchenthal mit seinen schattigen Bäumen, mit dem
kleinen Quell im Grunde, mit seinem Finkenschlag

und Nachtigallengesang ist mir ebenso lieb und lieber in der Erinnerung, als manche große Scenen der erhabensten Gebirgswelt, die ich später nicht mit dem ruhigen Sinn jener frühen Tage auf mich einwirken zu lassen vermochte.

Mit meinen jungen Freundinnen, mit meinen sämmtlichen Geschwistern, von denen die Jüngsten noch hinausgetragen werden mußten, hatten wir in ländlichen Spielen den Nachmittag heiter verlebt, und uns eben niedergelassen, um das mitgebrachte Abendbrod zu verzehren, als plötzlich Leopold in unserer Nähe erschien, und ein Paar von den jüngern Männern, die mit uns waren, aufstanden, ihn zu begrüßen. Einer derselben, der uns verwandt war, bat meinen Vater, ihm den Angekommenen vorstellen zu dürfen, und gastfreundlich wie die Mutter war, lud sie ihn ein, an unserm Abendbrode Theil zu nehmen, ohne daß sie freilich wußte, was sie ihm damit gewährte, und was ich dabei empfand. Wie er nicht zufällig, sondern von den andern jungen Leuten benachrichtigt, gekommen war, so machten ihm diese auch an meiner Seite Platz, und ich sah und sprach ihn damit eigentlich zum ersten male.

Er war sehr groß und schlank, und hatte jene bräunliche, frische Gesichtsfarbe, welche man, trotz ihrer

blauen Augen, bei den dunkelhaarigen Harzbewohnern
häufig findet. Sein Organ war äußerst wohlklingend,
sein Wesen über seine Jahre ernsthaft. Auch überraschte mich in der Befangenheit, die über mich gekommen war, am meisten der Ernst, mit welchem er
zu mir sprach, ja er erschreckte mich eigentlich, weil er
mir die Freiheit und die Zuversicht benahm, welche ich sonst
allen Andern gegenüber empfand. Von der Zuvorkom-
menheit, von der Galanterie, welche sonst junge Männer einem Mädchen beweisen, dem sie zu gefallen wünschen, war in seinem Betragen keine Spur. Ich wußte
mir ihn nicht zu deuten. Als wir dann, weil wir die
Kinder mit uns hatten, früh aufbrachen, und durch den
schönen Abend in die Stadt zurückkehrten, begleitete er
uns, indem er abwechselnd mit mir und mit meinem
Vater ging. Und als er vor unserer Thüre um die
Erlaubniß nachsuchte, einen Besuch zu machen, wurde
ihm dies ohne Weiteres gewährt, weil er in dem Hause
eines Mannes Hauslehrer war, den mein Vater schätzte,
und der seine Kinder nur einem tüchtigen und verläß-
lichen Menschen anvertraut haben konnte.

Leopold mußte an dem Abende den ganzen Weg,
den er mit uns gemacht hatte, wieder zurück, und noch
eine Strecke weiter hinaus in das Land gehen, weil

die Familie, in welcher er lebte, im Sommer einen ziemlich entlegenen Landsitz bewohnte, und diese seine Entfernung von der Stadt machte es, daß ich ihn bis zum Herbste nicht häufig sah. Ich hörte aber von den Bekannten um so öfter von ihm sprechen, und traf ich ihn selbst, kam er einmal zu uns, so befragte er mich über Alles, was ich gethan hatte, und über das was ich trieb und beabsichtigte, als habe er ein Recht dazu. Die weibliche Natur hat aber so sehr den Instinkt ihrer Abhängigkeit von dem Manne, daß sie sich namentlich in der ersten Jugend unwillkührlich Demjenigen zum Eigenthum fühlt, der den Willen hat, sie als sein Eigenthum anzusprechen. Ich wenigstens war völlig beherrscht, lange ehe ich es wußte, und wenn ich hie und da mich gegen diese Herrschaft aufzulehnen suchte, so geschah das ebenfalls nur aus dem instinktiven Bedürfniß, meinen Willen nicht völlig zu verlieren, mir selbst nicht ganz und gar verloren zu gehen.

Im Herbste verließen wir unsere Wohnung an dem Pregel, und zogen, weil wir mehr Raum bedurften, da die heranwachsenden Brüder doch auch ein besonderes Zimmer haben mußten, in das Vorderhaus, nach der Langgasse. Es war das auch für meinen Vater viel bequemer, der uns nun aus seinem Comptoir und aus seinen Kellern und Lägern leichter erreichen konnte, und außer dem großen schönen Wolm, dem Balkon vor der Hausthüre, der uns Allen zu statten kam, gewannen ich und meine eilfjährige Schwester damit ein äußerst freundliches, kleines Stübchen im Entresol, eine sogenannte Hangelstube, die ich bis achtzehnhundert fünf und vierzig inne behielt, ein Jahr vor meines Vaters Tode, als ich mein Vaterhaus zum letzten Male besuchte und bewohnte.

Diese Hangelstube bildete die Ecke des Eckhauses, in welchem wir nun lebten. Ein Fenster ging in die Seitenstraße hinaus, welche nach dem Pregel hinunterführte, zwei andere lagen an der Frontseite in der Langgasse, und ich konnte mit meinem scharfen Auge die ganze Brodbänkengasse übersehen, bis hin zu dem Domplatz, an dessen Eingang Leopold in der Familie seiner Zöglinge wohnte. Mein Nähtisch stand am Fenster, und alle Mittage, wenn Leopold mit seinen Eleven die lange Brodbänkengasse hinunter kam, um sie spazieren zu führen, sahen und grüßten wir einander. Das war nun für mich der eigentliche Mittelpunkt des Tages.

Er selbst war damals sehr fleißig, seine Freunde sagten, er wolle eilen sein zweites theologisches Examen zu machen. Er selbst sagte Nichts davon. Er kam aber

ein paar Male in der Woche zu uns, und war durch
seinen reinen Sinn, durch seine Begeisterung für alles
Große, durch die kindliche Einfachheit, welche den Ernst
und die Strenge seines Charakters milderte, den Eltern
und den Geschwistern allen bald eben so werth gewor=
den als mir. An ihm konnte man es erkennen, welches
die Frucht jener Studentenverbindung war, die unter
dem Namen der deutschen Burschenschaft, so schwere
Verfolgungen erlitt, und der doch grade die tüchtigsten
Charaktere sich angeschlossen hatten. Eine tiefe Liebe
für das Vaterland, eine eben so tiefe Hingebung an die
im Christenthume enthaltene Menschheitsidee, die strengste
Sittenreinheit, eine wahre Heilighaltung des Weibes,
ein Gefühl der Brüderlichkeit für die Mitmenschen,
waren so fest in sein Herz geprägt, daß Geringes, Leicht=
fertiges oder gar Unwürdiges ihn nicht berühren konnte.
Gut und sanft, wo er vertraute und verehrte, konnte er
in die größte Heftigkeit oder in den kältesten Zorn ge=
rathen, wenn Unedles oder Frivolität ihm entgegen=
traten.

Was ihn auf mich aufmerksam gemacht, was ihn
so plötzlich an mich gekettet hatte, ist mir in spätern
Jahren oft selbst ein Räthsel gewesen. Von den Eigen=

schaften, welche er in dem Weibe suchte, besaß ich an dem Tage, an welchem ich ihn kennen lernte, wirklich so gut wie Nichts. Ich war in hohem Grade auf äußerlichen Erfolg gestellt, hatte ein großes Verlangen nach einem geräuschvollen Leben in der Welt, und ein Ball mit recht brillanten Tänzern spielte damals in meinen Phantasien eine ganz andere Rolle, als das zurückgezogene Leben in einer einsamen Landpfarre. Ich verstand eine Liebe, wie sie mir zu Theil wurde, kaum zu schätzen, und ich habe sie Anfangs gewiß nicht verdient.

Indeß eben diese Liebe, eben dieser Glaube an mich, erhoben mich allmählich; und was die, Jahre hindurch fortgesetzte Bemühung meines Vaters doch nicht in dem nöthigen Maaße erreicht hatte, mir — abgesehen von der Entwicklung des Verstandes — einen wahrhaft sittlichen innern Halt und meinem Gemüthsleben die rechte Entfaltung zu geben, das vollbrachte die vertrauende Liebe eines reinen Männerherzens in sehr kurzer Zeit. Wie das geschah? Wer könnte das sagen. Alles Werden ist und bleibt ein Mysterium selbst da, wo man den Prozeß verfolgen kann, durch den es sich vollzieht. Wie sollte man es vermögen, den leisen Wandlungen mit

beobachtenbem Blicke zu folgen, die sich in unserm Her-
zen vollziehen, wenn die männliche Liebe es aus der
Selbstsucht der Kindheit für die Hingebung an den
Mann zu befreien beginnt?]

Wir sahen einander niemals allein. Wir hatten
einander auch Nichts zu sagen, was nicht alle Uebrigen
hätten hören können. Leopold tabelte mich, wenn ich
Freude an Heine's kecken und leichtfertigen Schriften,
oder an französischen Romanen zeigte, die seinem rei-
feren und eblern Sinne widerstanden, und tabelte meine
leidenschaftliche Lust am Tanze, weil er selbst den Tanz
nicht liebte. Er erzählte von dem Pfarrhause seines
Vaters im Harz, er schilderte mir mit großer Wärme
das Leben in schöner Natur, er sprach von seinen Eltern, die er verehrte, von seinen Brüdern, die alle älter
waren als er, von dem Wunsche seines Vaters, ihn
zum Nachfolger zu haben, von der ganzen häuslichen
Einrichtung seines Vaterhauses, ja selbst von den beiden
weißen Spitzhunden, welche seines Vaters Haus be-
wachten; und wenn ich dann sagte, daß ich Hunde nicht
möge, und Spitze vollends nicht, weil sie so schrecklich
kläfften und gleich die Zähne wiesen, so tröstete er mich
damit, daß sie klug wären, und sehr freundlich zu Allen,

die zum Hause gehörten, und das beruhigte mich nicht
nur, sondern es machte mich glücklich — weil er mich
damit als zu seines Vaters Hause gehörend ansah.

Allmählich gewann Leopold die ganze Leitung mei=
ner Lektüre, und das war ein großer Vortheil für mich.
Sie wurde nicht ernster dadurch, denn ernste Sachen
hatte mein Vater mir selbst gegeben, aber sie wurde
einem jungen Mädchen angemessener. Ich hatte immer
eine große Vorliebe für Körners Leier und Schwert
und für sein Heldendrama Zriny gehabt, die man mir
auch früh geschenkt hatte. Nun lernte ich Körner in
seinen Liebesgedichten kennen, und die Ideen der Liebe
und des deutschen Vaterlandes begannen sich in mir
zusammen zu schmelzen, wie sie in Körner verschmolzen
gewesen waren, wie sie in Leopold's Herzen als Eines
lebten. Bis dahin hatte ich gewußt, daß Tugend, daß
Sittlichkeit recht und nothwendig wären. Jetzt fing ich
an zu empfinden, daß sie schön und heilig seien, und
die Erinnerung an die Freiheitskämpfe des Vaterlandes,
die mir sonst nur als große, heldenhafte, historische
Momente vorgeschwebt, und in denen die Gestalt Na=
poleons immer, gleichviel ob siegreich oder besiegt, den
Mittelpunkt für meine Theilnahme gebildet hatten, ge=
wannen für mich eine neue Bedeutung, eine versitt=

lichende und erhebende Kraft, weil ich sie als die Er=
hebung eines ganzen Volkes gegen eine entsittlichende
Thrannei zu erkennen begann. Mein Gemeingefühl für
ein einiges deutsches Vaterland danke ich jenen Tagen
der ersten Jugendliebe.

Statt Rosaliens Nachlaß, der meine thörichten Tage=
buchblätter hervorgerufen hatte, las ich das Leben der
Pfarrerin von Meinau und ähnliche Schriften, und es
kam mir vor, als wachse ich unter seinen Augen, wenn
Leopold mir deutlich machte, welch einen weithinreichen=
den und fortzeugenden Wirkungskreis eine Frau inner=
halb einer kleinen Dorfgemeinde, innerhalb der Grenzen
ihres Hauses und ihrer Familie gewinnen könne. Er
verlachte mich, wenn ich ihm erzählte, welch ein Stre=
ben nach Gelehrsamkeit ich in meiner Kindheit gehabt,
und weil er mir zutraute, daß ich Alles das sei, oder
doch werden könne, was seine idealistische Liebe in mir
erblickte, machte er mich ihm gegenüber sehr demüthig,
während er mich förderte. Es waren schöne Tage!

Siebenzehntes Kapitel.

Meine Brüder zählten etwa dreizehn und fünfzehn Jahre, als mein Vater mich und sie eines Tages in das Wohnzimmer kommen ließ, um uns die Anzeige zu machen, daß er beschlossen habe, die beiden Söhne zum Christenthume übertreten zu lassen. Wir waren Alle gleichmäßig davon überrascht: ich, weil ich von dem Uebertritte ausgeschlossen werden, die Brüder, weil derselbe vor sich gehen sollte, ohne daß davon mit ihnen zuvor die Rede gewesen. Meine Mutter, der ein heißer Wunsch damit erfüllt wurde, und die ihren vollen An= theil an dem Beschlusse hatte, schien sehr erfreut. Als wir Kinder aber die erste Bestürzung überwunden hat= ten, erklärte der eine Bruder sehr bestimmt, er wolle nicht zum Christenthume übergehen, wenn die Eltern und Geschwister es nicht auch thäten. Er wolle geistig nicht von ihnen getrennt leben, wolle die äußere Gemeinschaft mit ihnen nicht verlieren, und da er der Mutter schon damals näher stand als wir andern Alle, waren sie

Beide gleich erschüttert und bewegt. Mein anderer
Bruder, eine starke und leidenschaftliche Natur, bei der
jedoch all diese Kraft sich damals mehr in körperlicher
Gewaltsamkeit als in geistiger Unabhängigkeit äußerte,
nahm die Sache, wie alle solche Dinge, höchst gleichgültig
auf. Sein Sinn war auf große Reisen in ferne Länder,
auf Kämpfe mit wilden Völkern und mit wilden Thie-
ren gestellt, er hatte ein Verlangen zur See zu gehen,
die Schule war ihm, trotz seiner glänzenden Fassungs-
gabe durchaus zuwider; aber ob er dieser oder jener
Kirche angehörte, ob er hier oder dort begraben würde,
war ihm völlig einerlei. Dazu kam, daß mein Vater,
da der leidenschaftliche Sinn dieses Sohnes sich schon in
frühester Kindheit kundgegeben, denselben, statt ihn in
die rechte Bahn zu lenken, zu brechen versucht hatte.
Moritz fürchtete den Vater also, obschon er ihn mit
Leidenschaft liebte, und bei der größten Zärtlichkeit von
beiden Seiten, ist dieses Bruders Verhältniß zu meinem Vater nie ein völlig freies geworden, ist die Gewalt, welche seinem Charakter als Kind angethan worden, ihm durch sein ganzes, nur zu kurzes Leben, nachtheilig geblieben. Es ist aber ein Irrthum, der in
hunderten von Familien immer wieder auf das Neue
begangen wird, daß man sich für die Kinder halbwege

im Voraus Schemata zurecht macht, in denen ihr Lebensweg sich halten soll. Will eine Ausnahme=Natur sich nicht danach bequemen, so legt man sie auf das Prokrustesbett, und wundert sich nachher, wenn sie sich in die aufgezwungene Beschränkung trotz alle dem nicht fügen lernt, daß sie auch für die von ihr erstrebte Freiheit nicht die volle, ungebrochene Kraft besitzt, nachdem man sie gelähmt hat. Erzieher müssen Leiter, nicht Herren des Menschen sein wollen der ihrer Pflege zu Theil geworden ist, wenn sie nicht schaden, sondern fördern wollen.

Auch ich hatte sonst meinem Vater gegenüber keinen rechten Muth, und die Erklärung, daß ich von dem Uebertritt zum Christenthume ausgeschlossen bleiben sollte, erschreckte mich doppelt, weil sie mir einen langgehegten Wunsch versagte, und weil sie mir gleichzeitig als ein böses Omen für die Zukunft meiner Liebe erschien. Von dieser getrieben und ermuthigt, wagte ich die Frage, warum der Vater mich nicht auch die Taufe empfangen lassen wolle?

Weil Dich die Taufe bindet, die die Brüder frei macht! antwortete der Vater fest. Ich habe Alles überlegt, macht Ihr Euch also keine Gedanken darüber! Es bleibt wie ich gesagt habe. Wenn ich die Knaben Christen werden lasse, mache ich sie zu freien Herrn über ihre Zukunft. Sie können jeden Beruf wählen, der ihnen ansteht, sie treten als Gleichberechtigte in das Staats=leben ein, können sich mit Jüdinnen oder Christinnen verheirathen, wie sie wollen; und glauben in sich, thut zuletzt jeder vernünftige Mensch, was ihn gut dünkt. Frauenzimmer aber, die weder ihren Beruf noch ihren Mann wählen können, bleiben am Besten in den Ver=hältnissen, in denen sie geboren sind, und wenn die Neigung eines Christen einmal auf eine Jüdin fällt, so kann man dann überlegen, was man thun will. Für mich und die Mutter, fügte er endlich hinzu, paßt es mir nicht, uns taufen zu lassen, und daß ein solcher Akt keine Trennung der Familie, und für die Familien=liebe ohne störenden Einfluß ist, davon wird die Zu=kunft Euch überzeugen.

Er küßte uns darauf, unsere Mutter, die so gern Christin geworden wäre, und mein ältester Bruder, waren sehr gerührt, ich aber, in der jenes Gefühl der Isolirung von der angebornen Familie rege geworden war, das die Liebe in dem Weibe erzeugt und erzeugen muß, weil es einst naturgemäß in eine neue Famlie überzugehen bestimmt ist, ich nahm von dieser Unter=redung die beglückende Gewißheit mit, daß von des

Vaters Seite mir in diesem Punkte für meine Zukunft
mit Leopold kein Hinderniß in den Weg gelegt werden
würde.

Die Taufe meiner Brüder erfolgte denn auch bald
darauf, im Hause des Konsistorialrath Kähler, und der
Winter ging uns ruhig hin, nur daß die Mutter wieder häufig kränkelte, und der Arzt darauf drang, daß
sie für die Sommermonate eine Wohnung auf dem
Lande nehmen solle.

Es war das die erste derartige Trennung, welche
der Familie bevorstand, und die Eltern entschlossen sich
schwer zu derselben; denn man war es damals noch
nicht so wie heut zu tage gewohnt, die Familien zu ihrer
Erholung im Sommer auseinanderstieben zu sehen. Man
dachte mit Sorge an des Vaters Einsamkeit, an die Brüder und an die zehnjährige Schwester, welche der Schule
wegen in der Stadt zurückbleiben mußten, und die Mutter
war so traurig darüber, den geliebten Mann, die drei
Kinder, ihren Haushalt, ihre gewohnte Pflichterfüllung
aufgeben zu müssen, und dem Vater eine erhöhte Ausgabe zu veranlassen, daß er ihr, um sie zu trösten, die
Worte „zum Wohl der Deinen!" schön in großer Schrift
geschrieben, in ihrer Sommerwohnung an die Wand

8*

heftete, damit sie sich daran erinnere, daß diese Erholung für sie zugleich eine Pflichterfüllung sei.

Das Dorf Neuhausen, in welchem wir einige Zimmer in dem Hause eines Gutsbesitzers gemiethet hatten,
ist anderthalb Meilen von der Stadt gelegen und einer
der schönsten Orte in ihrer Umgegend. Ein altes, noch
aus den Zeiten des deutschen Ordens stammendes Schloß,
mit starken Mauren und runden Thürmen, ein schöner
Park in hügliger Waldgegend, ein ansehnliches Pfarr-
haus, eine freundliche Kirche an einem kleinen Teiche,
reinliche Häuser für die Pfarrwittwe und den Küster,
und eine Anzahl von Höfen, in deren größtem wir
wohnten, boten vielerlei zu sehen und zu betrachten,
besonders für uns, die wir noch niemals auf dem
Lande gelebt hatten.

In dem Schlosse, das Friedrich Wilhelm der Dritte
nach den Freiheitskriegen dem Grafen Bülow von Denne-
witz geschenkt, lebte die gräfliche Wittwe mit ihren Kindern und mit ein Paar adeligen Gesellschaftsfräulein,
welche ich mit dem Hauslehrer oft in fliegenden Reit-
kleidern durch die Gegend reiten sah. Die Pfarre
hatte ein Sohn des Konsistorialrath Kähler, der Bruder meiner Freundinnen inne, der mit seiner Frau sehr
segensreich auf die allgemeine Kultur des Dorfes wirkte,

ben wir aber nicht kannten. Die Pfarrwittwe, unsere
nächste Nachbarin, war eine freundliche Greisin; die
Kantorsfrau, die Schwester unserer Wirthin, eine tüchtige und von Herzen fröhliche Person; und da der
Gutsbesitzer, bei dem wir wohnten, kinderlos, und seine
Frau eben so gut als ihre Schwester war, so gewann
die Freundlichkeit unserer Mutter diese Menschen Alle
für sich, und ihre Gesundheit besserte sich schnell,
da Ruhe und Stille und der Verkehr mit einfachen
Menschen ihr im hohen Grade zusagten. Sie war also
sehr zufrieden mit ihrem neuen Aufenthalte. Ich selbst
aber denke an diese Zeit noch heute mit großer Befrie-
bigung zurück als an die Zeit, in welcher ich es zum
ersten Male kennen lernte, was Stille, was Muße
und was Freiheit sei.

Zu den unschätzbarsten Gütern, welche die Natur
einem Menschen auf seinen Lebensweg mitgeben kann,
gehört jene Art des Gedächtnisses, welche man das Gedächtniß der Empfindung nennen könnte. Es ist schon
ein Gewinn, sich nach langen Jahren deutlich der Menschen erinnern zu können, denen man begegnet ist, der
Gegenden, welche man gesehen, der Dinge, welche man
erlebt hat. Aber es ist ein Glück, wenn uns mit diesen aus der Vergangenheit heraufbeschworenen Bildern,

zugleich die volle Empfindung jener Tage wiederkehrt. Es liegt darin ein Trost gegen die Vergänglichkeit der Zeit, eine Art von ewiger Jugend, ein Zusammenfassen und Beherrschen des Entfernten und Getrennten, und eine dauernde Verklärung dessen, was uns einst flüchtig Genuß und Glück gewährte.] Die Gabe solchen Gedächtnisses ist mir in hohem Grade zu Theil geworden.

Während ich diese Zeilen niederschreibe, sehe ich ihn wieder vor mir, den einfachen Garten, in welchem das zweistöckige, ansehnliche Haus gelegen war. Ich sehe aus den geöffneten Thüren unseres Wohnzimmers hinaus durch die gegitterte Pforte, auf den Grasplatz am Teiche, hinter dem sich die Kirche erhob. Ich sehe die Aeste der beiden Pflaumenbäume vor unserm Fenster sich auf- und niederwiegen, auf denen sich Schaaren von Vögeln schaukelten; die Bienen und Wespen fliegen summend durch unsere Stube, die Sonnenstrahlen des Mittags bringen bis in ihr entlegenste Ecke — und nun Alles so still! — Die Mutter schlief am Nachmittage immer ein paar Stunden, die kleinen Schwestern spielten irgendwo im Schatten unter der Aufsicht der Kinderfrau. Ich hatte kein bestimmtes Geschäft, Niemand brauchte mich um die Zeit, und ich konnte still da sitzen, und an den Entfernten denken, der in jenem Sommer mit seinen Zöglingen am Ostseestrande war; oder ich konnte umhergehen im Dorf, in den Schloßgarten, in die Felder, in die verschiedenen Höfe hinein, ich konnte allein umhergehen, ohne die Eltern, ohne die Geschwister. Es war mir, als athme ich anders, freier, wenn ich mich einmal so als eignes, selbstständiges Wesen empfand, wenn ich für mich selbst, und nicht als Glied der Familie, als Kind vom Hause existirte. Und wie das Kind, wenn es einmal die Bezeichnung des Ich, mit dem Worte Ich, gefunden hat, von dieser Bezeichnung niemals wieder abläßt, so hörte in mir das Verlangen nach einer gesonderten Selbstständigkeit nie wieder auf, nachdem ich es in meinen stillen Nachmittagsspaziergängen hatte empfinden lernen, wie unfrei bis auf die geringste Bewegung das Leben der Mädchen in den Familien gemacht wird, oder wie völlig unfrei ich selbst bis dahin gewesen war.

Dazwischen träumte und dachte ich mich immer tiefer in mein einstiges Leben als Frau eines Landgeistlichen, als Leopolds Frau hinein. Was ich that und trieb, bezog sich auf ihn. Ich selbst war außerordentlich heftig, leicht aufgeregt, und hatte, weil ich den Eltern gegenüber dies beherrschen mußte, mich oft um so rückhaltsloser gegen Untergebene gehen lassen. Aber

auch Leopold war heftig, und um seinetwillen, um ihn
nicht in der Zukunft durch meine Erregbarkeit und
Maaßlosigkeit unglücklich zu machen, begann ich nun
nach jener Fassung zu ringen, die mir später oft so
sehr zu Statten gekommen ist. Ich habe einmal irgend wo
die Worte gelesen: der Mann ist das Unterschicksal
des Weibes! — Ob das eine Wahrheit, für alle Frauen
eine Wahrheit sei, das möchte ich nicht behaupten; aber
die Erziehung der Frauen wird zum großen Theil,
wenn nicht durch die Männer selbst, so durch unsere
Liebe für sie bewirkt; und es ist mir oft vorgekommen,
als brauchte man die Mädchen nur dahin anzuleiten,
daß ihre Neigung sich keinem unedeln oder geringen
Manne zuwenden könne, um ihrer befriedigenden Entwicklung gewiß zu sein.

Wir lebten fast ohne Abwechslung auf unserm Dorfe.
Sonnabends kamen mein Vater und eines der Kinder
mit einem der heimkehrenden Milchpächter auf hessen
Wagen zu uns heraus, und sie blieben dann bis Montag in der Frühe bei uns. Hie und da gingen wir
durch den schönen Wald nach einem nahegelegenen Lust-
orte, an dem sich Sonntags viele Städter einfanden;
einmal kam Mathilde auf acht Tage zu uns heraus,
und in dieser Woche befand ich mich eines Abends

grabe in der Speisekammer, um das Abendbrob her=
zurichten, als Mathilde mit dem Ausruf bei mir ein=
trat: Leopold ist da, zu Pferde mit einem Freunde!

Ich wußte mich vor Ueberraschung, vor Freude
kaum zu fassen. Alles Blut stieg mir nach dem Kopfe,
und wäre ich meiner Aufwallung gefolgt, so würde ich,
wie ich da stand, mit der Küchenschürze hinausgelaufen
sein, ohne mich um das zu bereitende Abendbrob weiter
zu bekümmern. Unglücklicher Weise kam mir aber der
Gedanke, daß ich mich ja beherrschen lernen, daß ich
gefaßt und ruhig werden wolle, und so sagte ich, Ma=
thilde möge nur zur Mutter und zu den Gästen gehen,
ich würde gleich mit dem Abendbrobe nachkommen. Mit
fliegender Hast putzte ich die Radieschen, setzte ich noch
schnell mehr Eier zum Kochen auf, schnitt Schinken,
strich Butterbrobe, und hatte eben Alles fertig, hatte
mir eben, höchst zufrieden mit meiner Selbstbeherrschung
und froh ihrer nun ledig zu sein, die Schürze abgebun=
den und die Hände gewaschen, als ich Pferdegetrappel
auf den Steinen hörte, und zur Thüre eilend, die
beiden Reiter davon traben sah.

Benommen, verwirrt und traurig blickte ich ihnen
nach. Ich zürnte auf mich und meinen unglückseligen
Versuch der Selbsterziehung, ich zürnte auf meine

Freundin, weil sie mich nicht noch einmal rufen gekommen war, ich zürnte auf Leopold, weil er nicht auf mich gewartet hatte, die ihm doch nur ein gutes Abendbrod bereiten wollte. Daß mein Ausbleiben ihn ungeduldig gemacht, daß er es als eine Kälte, als eine Koketterie von mir betrachtet hatte, und daß er, im Zorne gegen mich, schnell aufgebrochen und davon geritten war, das zu denken, war ich nicht gescheut genug. Man ist aber nie unglücklicher, als wenn man die Folgen einer Dummheit erträgt, die man mit dem bestimmten Bewußtsein begangen hat, etwas ganz besonders Gutes und Vernünftiges zu thun.

Den ganzen Sommer hörte und sah ich Nichts von Leopold, und die Erinnerung an jenen Abend lastete fortan wie ein Vorwurf und wie ein Schmerz auf mir, bis eine andere schwere Sorge mich davon abzog.

Wir hatten einen Sonntag ganz heiter mit dem Vater und mit den Brüdern verlebt, die Mutter hatte sie mit mir noch eine Strecke begleitet, da sie sich wohler als seit Jahren fühlte, und wir gingen ruhig zu Bett, wobei sie, als sie sich entkleidete, die Bemerkung machte, sie müsse sich in der linken Hand eine Sehne verdreht haben, die Hand schmerze sie bei der Bewegung. Früh als der Tag dämmerte, weckte sie mich plötzlich mit

der Frage: ob ich das Schießen nicht höre? — Ich
richtete mich auf, es waren oftmals Militair-Manöver
in der Gegend, und das Schießen nichts Ungewöhn=
liches, aber ich hörte Nichts, und sagte das. Höre
doch! Höre doch! rief die Mutter mit solcher Heftig=
keit, daß ich erschrocken aufsprang; und an ihr Bett
eilend, fand ich sie mit wirrem Blicke, völlig ohne Be=
wußtsein, in wilden Fieberphantasien.

Anderthalb Meilen von der Stadt, ohne Fuhrwerk,
ohne männliche Bedienung, war die Lage, in der ich
mich befand, ganz furchtbar. Ich mußte umherlaufen,
mir nur erst einen Boten zu schaffen, um den Vater
und den Arzt benachrichtigen zu können, und als dieser
am Nachmittage mit dem Vater herauskam, und das
Leiden der Mutter für Gicht erklärte, die sich auf den
Kopf geworfen habe, war damit für uns Nichts ge=
bessert. An einen Transport in die Stadt war nicht
zu denken. Der Vater, dessen Geschäfte ihn gerade wäh=
rend der Zeit der Schifffahrt vollständig in Anspruch
nahmen, konnte weder bei uns bleiben, noch uns täg=
lich sehen kommen, und so blieb ich denn mit der
kranken Mutter und mit den Kindern in Neuhausen
zurück, darauf angewiesen, durch meine Berichte dem
Arzt so viel Auskunft zu geben, daß er, wenn er spät

am Abende herauskam, womöglich die nöthigen Arzneien mitbringen konnte, die wir uns sonst erst am folgenden Tage aus der Stadt zu verschaffen vermochten.

Nachdem ich also die Reize des Landlebens ein paar Wochen gekostet hatte, lernte ich nun gleich auch eine seiner Schattenseiten kennen, und ich denke noch mit Entsetzen an die Angst und an die Hast, in welcher ich einmal in brennender Mittagshitze nach dem nächsten Dorfe lief, um mir von dort Blutegel zu holen, da diejenigen, welche man aus der Stadt geschickt hatte, den Dienst versagten. Man muß Tage und Nächte so hilflos an einem einsamen Krankenbette zugebracht haben, um zu wissen, was Angst und Sorge sind!

Endlich, nach fast drei Wochen, erlaubte es der Zustand meiner Mutter, daß man sie in Betten gepackt, in Begleitung des Vaters und des Arztes, nach der Stadt bringen konnte. Am folgenden Tage kam ein großer Packwagen und noch ein Fuhrwerk heraus, ich ließ all unser Mobiliar aufladen, und fuhr dann mit unserer alten Kinderfrau und mit den Kindern, bang und beklommen, nach dem ersten Aufathmen in Gottes freier Natur, in die Heimath zurück, wo Wochen voll Sorge und Arbeit meiner warteten. Denn die Mutter kam nur sehr langsam wieder zu Kräften, und es war schon

Herbst und schlechtes Wetter, ehe die gewohnte Lebens=
weise sich im Hause wieder herstellte.

Mit dem Herbste kehrte auch die Familie, in wel=
cher Leopold lebte, in die Stadt zurück, und gleich am
Abende seiner Ankunft sahen wir einander wieder.

Warum sind Sie nicht hinausgekommen, als ich in
Neuhausen war? fragte er mich, sobald sich die Gelegen=
heit dazu darbot. — Ich dachte, daß Sie auf mich warten
würden, versetzte ich ehrlich. — Ich mußte ja am Abend
zurück sein, und ich hatte mich die ganze Zeit darauf
gefreut, Sie draußen einmal zu besuchen! Ich war
recht böse auf Sie, ich glaubte, Sie wollten mich war=
ten lassen! entgegnete er. — Wie kamen Sie auf diesen
Einfall? rief ich erschrocken und verwundert aus, und
mein Erstaunen war die beste Antwort, die ich geben
konnte. Wir waren Beide mit einander zufrieden, waren
voll Glauben und Zutrauen zu einander, und wir waren
so jung, daß wir für den Augenblick Nichts mehr ver=
langten, als uns zu sehen und in Gegenwart der gan=
zen Familie wieder mit einander verkehren zu können.

Allmählich aber wurden Leopolds Besuche häufiger.
Statt wie im verwichenen Jahre ein paar Mal in der
Woche zu kommen, erschien er nun Tag um Tag, dann
endlich jeden Abend, ohne daß die Eltern das auffallend

zu finden schienen. Auch sein Betragen gegen mich
veränderte sich. Er setzte sich zu mir, gleichviel ob
andere Personen anwesend waren, er tadelte und lobte
mich in Gegenwart der Eltern, je nach seiner Meinung,
und er wies mit Eifersucht alle meine alten Bekannten
und Jugendfreunde zurück, wenn diese sich mir nahten.
Weil er mir sehr werth war, machte mir dies Alles
Freude, aber es brachte mich doch auch in Verlegenheit.
Die ältern Mädchen unserer Bekanntschaft zogen mich mit
unserer "stummen Liebe" auf, einer oder der andere
meiner jungen Bekannten neckte mich damit, daß ich sehr
sanft und nachgiebig geworden sei, und mit dem wetter=
wendischen Sinne eines launenhaften Kindes nahm ich
mir eines Tages vor, daß ich mir von Leopold Nichts
mehr befehlen lassen wolle.

Es war im November an meines Vaters Geburts=
tag, der wie alle solche Tage gefeiert und besonders
hoch gehalten wurde. Da die Eltern fast gar keinen
Familienumgang hatten, so wurde die geladene Gesell=
schaft fast immer nur für uns versammelt, und da
wir auch an jenem Abende sechs oder acht von unsern
Bekannten bei uns hatten, beschlossen wir zu tanzen.
Leopold aber tanzte nicht, und kaum hatte ich aufge=
hört zum Tanze zu spielen, um selbst in die Reihe

zu treten, als er an mich herankam, und mir sagte: tanzen Sie nicht! — Ich sah ihn an, und fragte: weshalb nicht? — Weil ich nicht tanze! antwortete er. — Als ob das ein Grund wäre! rief ich, und wollte eben die Hand meines Vetters ergreifen, als Leopold mich mit den Worten zurückhielt: wir sehen uns nicht wieder, wenn Sie tanzen! —

Das bannte mich, aber es empörte mich auch. Zu tanzen wagte ich nicht, und doch mußte ich vor den Andern eine Ursache haben, es nicht zu thun; und um fortzukommen und mir fortzuhelfen, eilte ich mit dem Vorgeben auf mein Zimmer, daß mir nicht wohl sei. Oben in der dunkeln Stube fing ich zu weinen an, aber ich wußte eigentlich nicht worüber. Ich war glücklich, daß Leopold mich so völlig als sein Eigenthum betrachtete, daß er mit mir schaltete und waltete nach seinem Belieben; aber ich empfand einen Zorn gegen ihn, wie ich ihn nie gegen einen andern Menschen gefühlt hatte. Ich hasse ihn! sagte ich einmal zu mir selbst, und hatte nie sichrer gewußt, daß ich ihn liebte, als eben jetzt. — Ich nahm mir vor, gar nicht mehr hinunterzugehen, um ihn recht zu quälen und zu ängstigen, um ihm zu zeigen, daß ich mir nicht befehlen lasse, und daß er kein Recht habe mir zu befehlen, und doch war ich untröstlich darüber, daß ich hier oben in der finstern Stube saß und weinte, statt unten bei den Andern und bei ihm zu sein.

[Das sind Zustände, wie jeder Mensch, so Weib als Mann, sie durchlebt hat. Es ist der Kampf der freien Jugend, die davor zurückschreckt, sich an ein andres Wesen zu verlieren, und ich meine, es lasse sich aus der Stärke dieses Kampfes mit Sicherheit auf die Größe der Hingabe schließen, deren der Mensch einst fähig sein wird. An kräftigen jungen Männern habe ich diese Sprödigkeit, diese Selbstwilligkeit oft bis zu einem Grade stark gesehen, der sie an sich selbst verzweifeln ließ. Man muß aber Etwas sein, um Etwas aufgeben zu können, man muß sich selbst besessen haben, um sich verschenken zu können, und der Trotz der Liebe ist in der Natur des Menschen nur der Sturm des Aequinoktiums, der dem Beginn des Frühlings vorangeht.

Mitten in meinen Thränen kam Mathilde zu mir. Freundlich und heiter wie immer, forderte sie mich auf, hinunterzukommen und vernünftig zu sein. Aber ich war froh, nun Jemand gefunden zu haben, gegen den ich alles Zornige, das mir das Herz bewegte, in

heftigen Worten aussprechen konnte. Ich schalt auf
Leopold, ich nannte ihn egoistisch, rechthaberisch und
herrschsüchtig; ich versicherte, daß ich nun eine Lehre
empfangen hätte, die mir — ich war siebenzehn Jahre!
— für mein ganzes Leben nützen sollte; und Alles,
was die gute Mathilde thun mochte, mich zu beruhigen, reizte mich nur noch mehr. Endlich, als sie
alle ihre Gründe vergebens an mir erschöpft hatte,
sagte sie: gieb mir Dein Wort zu schweigen, so will
ich Dir Etwas vertrauen, das mir Deine Mutter
unter dem Siegel des Geheimnisses erzählt hat. Aber
gieb mir Dein Wort, daß Du schweigst, daß Du
Dir Nichts, gar Nichts merken läffest.

Ich leistete das Versprechen, und Mathilde erzählte: Gleich nachdem Leopold in die Stadt gekommen
ist, hat er Deinen Vater aufgesucht, und bei ihm um
Deine Hand gebeten. Er hat ihm gesagt, daß er Dich
liebe, und daß er nicht länger ohne Dich sein könne.
Er wolle deshalb eine Lehrerstelle, die ihm geboten werde,
annehmen, um Dich heirathen zu können. Dein Vater
hat aber erklärt, davon könne die Rede nicht sein,
Leopold müsse erst sein zweites theologisches Examen
machen, und wenn er dann eine Pfarre haben würde,
so würde er dem Vater willkommen sein. Und dann

hat er sich von Leopold das Ehrenwort geben lassen, daß er Dir von seiner Bewerbung Nichts sagen, und sich in keiner Weise gegen Dich erklären würde, weil Du noch zu jung wärest, und weil Du ruhig bleiben solltest, und so weiter fort!

Ich war wie umgewandelt, war geblendet, als träte ich aus tiefem Dunkel in ein helles Licht. Mein Zorn war erloschen, ich hatte Niemand anzuklagen als mich selbst, Niemand hatte Unrecht als ich; aber ich fühlte doch augenblicklich, daß die Lage, in welche meines Vaters Vorsorge mich gebracht hatte, eine üble, und daß sie ohne Berechnung und Rücksicht auf Leopold's Natur gewählt war. Und das hat sich auch bewährt!

Ich kehrte in die Gesellschaft zurück, zu Leopold zurück, glücklich im Innersten des Herzens, voll Verlangen ihn zu versöhnen; und wo man der Liebe gegenübersteht, ist das keine schwere Aufgabe. Wie wir uns ohne Worte zusammengefunden hatten, so verstanden wir uns ohne Worte, und die nächste Zeit verging uns in täglichem Beisammensein in stillem, freudigem Frieden.

Den Weihnachtsabend sollte Leopold bei uns zubringen. Beschränkt, wie unsere Verhältnisse es noch

immer waren, hatten die Eltern uns doch nie die
Freuden des Weihnachtsbaumes entbehren lassen, und
auch faſt immer die Mittel gefunden, einen oder den
andern Freund des Hauſes an der Beſcheerung Theil
nehmen zu laſſen, während wir Kinder von jeher angehalten worden waren, irgend welche von den Haus-
armen mit Geſchenken zu erfreuen, für die wir uns
das Geld von unſerm Frühſtück oder ſonſt auf eine
Weiſe zu erſparen ſuchten.

In Königsberg iſt es Sitte, die Feſttage einzu-
läuten wie allerwegen, aber es exiſtirt in der Stadt
noch ein Legat von einem alten Fräulein, nach welchem
die Stadtmuſikanten am Mittage das Lied: "wie ſchön
leucht't uns der Morgenſtern," und Abends um neun
Uhr "nun ruhen alle Wälder" vom Thurm der
Schloßkirche in die Stadt hinunterblaſen. Die Kinder nennen das: die Jungfer bläſt vom Thurm! —
Dieſelben Stadtmuſikanten ziehen dann, ebenfalls nach
einer Verordnung aus uralter Zeit, ſobald es am Weih-
nachtsabende zu dunkeln beginnt, und das geſchieht in
unſerer nordiſchen Heimath um dieſe Zeit des Jahres
ſchon gegen vier Uhr, — durch alle Straßen der
Stadt, und ſtill durch das nächtliche Dunkel erklingt

9*

von ihren Blasinstrumenten die schöne Melodie: „Ein Kindlein uns geboren ist!"

Schon von weit her vernimmt man den nahenden, wachsenden, anschwellenden Ton des Liedes. Ohne daß man die Musikanten gewahrt, klingt die Melodie zu uns heran, der ganze Zauber der Weihnachtspoesie verkörpert sich in diesen Tönen, und Niemand, der seine Kindheit und Jugend in unserer Heimath verlebt hat, wird dieser nächtlichen Weihnachtsmusik ohne Rührung gedenken.

Wir Geschwister hatten die Gewohnheit, uns am heiligen Abende, wenn es dunkelte, in meiner Stube zu versammeln, und dort zu warten, bis die Eltern den Aufbau beendet hatten und wir zur Bescheerung gerufen wurden. Auch diesmal saßen wir in dem kleinen Stübchen, im Dämmerlicht, im Dunkeln bei einander, während das Streiflicht der Laterne, die von unserm Hause nach der andern Ecke der Straße hinüberhing, grade genug Helle zu uns hineinwarf, das ganze Häufchen der Geschwister übersehen zu lassen. Da hörten wir endlich wieder die alte, liebe Melodie, und mit ihrem Klange kam eine tiefe Wehmuth über mich. Ich sah die Brüder, meine eilfjährige Schwester, die vier kleinen Mädchen und dachte: wie viel Male werde ich den Abend noch mit Euch verleben? Ich dachte, daß ich sie verlassen, sie nicht heranwachsen sehen würde, und weil ich mir vorstellte, daß ich vielleicht bald nicht mehr ein Kind dieses Hauses sein würde, fühlte ich, wie sehr ich ihm zu eigen war.

Die Klingel, welche uns in das Wohnzimmer rief, brachte uns in Bewegung. Wir älteren Geschwister nahmen die kleinsten an die Hand und auf den Arm, um sie schnell die Treppe nach der Wohnstube hinunter zu bringen, und vor dem bescheidenen Glanze unseres Weihnachtsbaumes, der uns aber strahlend dünkte, vor dem Jubel der Kinder, vor der Befriedigung der guten Eltern über unsere Freude, gewann jenes Gefühl innerlichster Wehmuth neue Kraft, so sehr ich bemüht war, es in mich zu verschließen. Es war nicht Sitte im Hause, von Gefühlen zu sprechen oder sich ihnen leicht in sichtbarer Weise zu überlassen, und mich dünkt, das hat, wenn es nicht übertrieben wird, sein Gutes. Es macht den Menschen innerlich und verhindert das Aufkommen der Phrase, hinter der die Oberflächlichkeit und Leerheit sich so pomphaft und so bequem verbergen.

Die rechte Weihnachtsfreude kennen aber nur die Unbemittelten, die es wissen, mit welcher Liebe und mit welcher Sorge die Gaben zusammengebracht sind, an

denen man sich erfreut. Wir, die wir wußten, wie
oft der Vater sich in Geldverlegenheit befand, weil
sein Geschäftsbetrieb mehr Mittel erforderte, als ihm
zu Gebote standen, wir wußten auch, wie oft und reiflich die geringste Kleinigkeit von unserer Mutter er-
wogen, wie allmählig die einzelnen Gegenstände zusammengebracht werden mußten, die uns unter dem Lichte
des Weihnachtsbaumes entzückten. Noch spät am Abend
sahen wir dann den Vater, wenn das Comptoir geschlossen wurde, mit dem Hausknecht fortgehen, um die
Aepfel und Nüsse und das Backwerk zu holen, um irgend welche Teller oder Gläser oder sonst nothwendig
gewordenen Hausrath zur Ueberraschung für die Mutter
herbeizuschaffen, und wenn dann Alles besorgt war,
wenn die Handlungsgehülfen ihre Ducaten und Fried-
richsd'or, die Dienstboten ihre Geschenke erhalten hatten,
wenn wir dann beisammen waren, die Eltern und die
acht Kinder, und die freundlichen Augen der Mutter,
die hellstrahlenden Blicke des Vaters über uns leuch-
teten, wenn man es ihm ansah, wie alle Sorge ihm
gering erschien, wenn er seine „acht gesunden Kinder"
um sich und die Mutter neben sich hatte, dann küßten
wir seine lieben Hände, und die Hände der Mutter
mit jener inbrünstigen Liebe, in die der Dank für ein

neues uns geweihtes und geschenktes Jahr voll Arbeit
und voll Sorge eine besondere Weihe legte.

Mitten in unserer Weihnachtsfreude erschien Leopold,
der bei der Bescheerung seiner Zöglinge hatte anwesend
sein müssen. Er war froh und aufgeschlossen, er war
Allen willkommen, fühlte sich heimisch, und während
die Kinder ihn mit ihrem neuen Spielzeug umringten,
sagte er, sich zu mir wendend: Ich möchte wissen, wo
wir heute in zwei Jahren sein werden?

Ich habe immer eine Abneigung gegen das Vor-
aussehenwollen der Zukunft, immer eine unheimliche
Empfindung gehabt, wenn man in meiner Gegenwart
solche Wünsche äußerte. Dieses Gefühl bemächtigte sich
meiner auch in jenem Augenblicke, und ohne zu wissen,
was mich dabei ängstigte, bat ich, er möge so Etwas
nicht aussprechen.

Weshalb denn nicht? rief er heiter. Wissen Sie
denn nicht, daß ich ein Glückskind bin und daß das
Leben mir noch nie die Erfüllung eines Wunsches ver-
weigert hat?

Aber weit entfernt, mich zu ermuthigen, wurde
seine Zuversicht auf sein Glück mir nur noch unheimlicher,
und ohne zu bedenken, was ich damit that, sagte ich:

"Mit des Geschickes Mächten ist kein ew'ger Bund zu flechten, und das Unglück schreitet schnell."

Kaum aber hatte ich diese Worte beendigt, als ich sie um jeden Preis hätte zurücknehmen mögen. Sie klangen mir fürchterlich, als hätte nicht ich, als hätte ein Anderer sie gesprochen, und als ich zu Leopold empor-sah, war all seine Heiterkeit von ihm gewichen. Wie kommen Sie zu dem unglücklichen Worte! sagte er, wie mit einem Ton der Abwehr, und ich selber wußte es nicht, wie ich darauf gekommen war. Wir konnten indeß danach die frühere Heiterkeit nicht wiederfinden, obschon wir Alle munter bei einander waren, und — die letzten ganz glücklichen Stunden, die wir mit ein-ander verlebten, lagen hinter uns.

———

Achtzehntes Kapitel.

Aeußerlich änderte sich mit dem neuen Jahre in unserem Leben Nichts. Leopold kam Anfangs wie bisher, so oft er wollte, aber ich empfand, daß man uns beobachtete, daß der Vater ihn nicht so freundlich als sonst willkommen hieß, daß er überall kleine und oft komische Hindernisse zwischen uns aufrichtete. So erinnere ich mich, daß wir einmal übereingekommen waren, bei uns das Bild von Houwald mit einigen Bekannten personenweise zu lesen, und der Vater hatte dagegen keine Einwendungen gemacht. Wir hatten die Rollen so vertheilt, daß ich natürlich die Camilla, Leopold den Maler lesen sollte, und die Uebrigen hatten sich dieser Anordnung gefügt, während ich mir schon Tage lang alle die schönen gefühlvollen Dinge vorgelesen hatte, die gegen Leopold auszusprechen ich ebensoviel Verlangen als Scheu trug. Ich hatte mir Alles vorgestellt, wie es kommen müsse, ich konnte den Abend gar nicht erwarten, hatte mich schön geputzt, um mich so weit wie

möglich den Worten des Dramas anzupassen, und voll
Hoffnung und Spannung setzte ich mich, als die kleine
Gesellschaft beisammen war, in dem großen Wohn=
zimmer ⬤ dem Tische vor dem Sopha nieder, auf dem
meine Eltern bereits Platz genommen hatten. Kaum
aber ergriffen wir unsere Exemplare, als mein Vater
dem ihm zunächst Sitzenden das Buch aus der Hand
nahm und, auf das Personenverzeichniß blickend, mit
freundlichster Ruhe die Worte aussprach: Wartet
Kinder! ich werde mitlesen, ich werde den Maler lesen!

Ein Habicht, der auf eine Flucht von Tauben stößt,
bringt keine solche Verwirrung, keinen solchen Schreck
hervor, als ich sie fühlte. Der ganze Thurmbau mei=
ner Hoffnungen stürzte zusammen. Ich sah Leopold
an, er war blaß geworden und biß die Lippen zusam=
men, was er nur im Zorne that. Die ganze kleine
Gesellschaft gerieth in Aufruhr, Alles fiel nun aus=
einander. Der Vater entwarf eine neue, höchst un=
glückliche Rollenvertheilung, und statt der Freude, die
ich mir erwartet, hatte ich das komische Vergnügen
meinen Vater mit all den Zärtlichkeiten anzulesen, die
ich für Leopold so sehnlich auszusprechen gewünscht
hatte.

Der aber war nicht der Mann sich zu verstellen.

Sein sichtbarer Verdruß, seine Gereiztheit steigerten sich durch das nicht verborgene Lachen der Andern, er blieb mißmuthig, mein Vater verwies ihm das, und der Abend wurde ein verstörter und unlustiger für alle Theile.

Solcher kleinen Mißhelligkeiten gab es von da ab immer wieder. Ich fragte Mathilde, ich fragte meinen Bruder, der sich mit Liebe an Leopold angeschlossen hatte, und von diesem und von der Mutter in das Vertrauen gezogen worden war, was denn geschehen sei? Sie wußten Beide Nichts. Leopold hatte ich nie allein gesehen, er hatte, seinem Worte treu, nie von seiner Liebe zu mir gesprochen, ihn konnte ich Nichts fragen, und mit meiner Mutter davon zu reden, wäre mir eben so unmöglich gewesen, als meinen Vater um die Gründe seiner Handlungsweise anzugehen. Ich hatte zur Mutter nicht das Zutrauen, daß sie mir rathen oder helfen könne, und von meinem Vater hielt die Gewohnheit des blinden Gehorsams, zu dem er uns erzogen hatte, mich fern. Zwischen den zärtlichsten Eltern, die ich beide liebte, war ich ganz allein.

Einige Wochen später hörte ich aus meinem Zimmer um die siebente Abendstunde die Hausklingel erschallen. Ich hörte die Thüre öffnen, ich kannte den Schritt auf

den Fliesen des Hausflurs und ich packte mein Näh=
zeug zusammen, um in die Wohnstube zu gehen, die
sich jetzt nach meiner Meinung öffnen mußte. Aber
dieser Ton ließ sich nicht vernehmen, die Hausthüre
klingelte abermals, die Küchenthüre wurde zugeworfen,
und es blieb Alles still. Ich begriff das nicht! —
So schnell ich konnte, eilte ich hinunter. Ich fragte in
der Küche, wer da gekommen sei? Man nannte mir
Leopold, und auf die zweite Frage, ob er bei der
Mutter sei, versetzte das Mädchen: nein! der Herr
sei schon zu Hause und habe befohlen, wenn Herr Leo=
pold käme, zu sagen, daß die Herrschaft ausgebeten sei.

Das hatte ich nicht erwartet! Das hatte auch
Leopold nicht glauben können, denn die Eltern waren
mit Ausnahme von zwei Abenden im Jahre, an denen
ein paar Feste in den Familien meiner Tanten gefeiert
wurden, niemals in Gesellschaft, und zudem fiel das
Licht aus dem Wohnzimmer durch die Glasthüren des=
selben hell auf den Flur hinaus. — Ich war völlig
rathlos und sehr traurig. Ich hatte das bringendste
Verlangen, mir selbst zu helfen, Etwas zu thun, an
Leopold zu schreiben. Dann dachte ich wieder, das sei
seine und nicht meine Sache, und ich hatte auch gar
keinen Muth, weder ihm noch dem Vater gegenüber.

Die Tage gingen mir hin, ich wußte nicht wie. Leopold kam Mittags immer wie sonst die Straße herab und grüßte mich, das war Alles. Am Ende der Woche trat eines Abends mein Vater in mein Zimmer, stellte sich an den Ofen, fragte, was ich treibe, und sah dann die Bücher durch, die auf der Kommode lagen. Mehrere davon waren Leopolds Eigenthum, sein Name stand darin. Mir klopfte das Herz, daß ich fast erstickt wäre. Mein Vater legte die Bücher wieder fort und sprach von etwas Anderem, aber ich hörte es kaum; er kam in solcher Weise, Abends und allein, sonst nie zu mir herauf, und ich erwartete daher irgend einen Tadel, eine Erklärung, einen Aufschluß. Ich erwartete ihn vergebens.

Nachdem der Vater eine Weile bei mir gewesen war, schickte er sich an mich zu verlassen, und erst im Hinausgehen sagte er: Du hast da, wie ich sehe, ein paar Bücher von Leopold, schicke die ab! — Lieber Vater, ich lese sie noch! sagte ich, weil ich doch ein Lebenszeichen von mir geben wollte. — Schicke sie nur ab, Du kannst sie ein andermal zu Ende lesen! — Aber weshalb, lieber Vater? fragte ich mit großer Ueberwindung. — Soll ich Dir Gründe angeben? versetzte mein Vater. Das war sonst nicht nöthig

zwischen uns. Seine Stimme klang weich und bewegt,
er ging hinaus, und am andern Morgen schickte ich
ohne ein Wort, ohne eine Zeile die Bücher zurück; nur
ein Plättchen Papier ließ ich als Zeichen und Andenken
bei einem der Körner'schen Gedichte liegen, das wir
oftmals mit einander gelesen hatten, und das wir Beide
liebten.

Damit endet eigentlich die Geschichte dieser Jugendliebe, deren Ausgang mir ein ungelöstes Räthsel geblieben ist. Im Frühjahr, als Leopold sein Candidaten-
Examen gemacht, gab er seine Stelle in Königsberg
auf, um sich von einem Fieber, das ihn befallen hatte,
im Hause seines Bruders herzustellen, der eine Super-
intendentur in unserer Provinz bekleidete. Eine ge-
meinsame Freundin, die sich in dieser Zeit verheirathet
hatte und Leopold häufig bei sich sah, beschwor mich,
einmal zu ihr zu kommen, um ihn dort zu treffen: er
sei krank und wolle mich sprechen, ehe er Königsberg
verlasse. Ich schlug das ab, weil ich die Erlaubniß
nicht zu erbitten und gegen meines Vaters Befehle
nicht zu handeln wagte. Aber ich hatte keine Freude
an diesem Gehorsam, sondern nur Schmerz über meine
Unfreiheit und Muthlosigkeit. Ich hätte besser von

mir selbst gedacht, wäre ich des Ungehorsams fähig gewesen.

Niemand hat mir je darüber Aufschluß gegeben, was die Handlungsweise meines Vaters oder Leopolds bestimmte. Seine nächsten Freunde, die ich in viel späteren Jahren, als jene Erlebnisse mir schon, so wie jetzt, in völliger Losgelöstheit von mir selbst erschienen, darum befragte, wußten Nichts davon. Sie vermutheten wie ich, daß man ihm in seiner Familie Einwendungen gegen seine Heirath mit einer Jüdin gemacht, daß mein Vater dies erfahren, daß er uns deshalb getrennt haben mochte, und daß mein blinder Gehorsam gegen den Vater Leopold hatte irre werden lassen an der Liebe, die ich für ihn fühlte.

Mein Leben wurde nach Leopolds Entfernung aber für eine Weile sehr still und trübe. Alle meine Bekannten hatten unsere Zuneigung bemerkt, alle sahen mich darauf an, wie ich die Trennung ertragen würde; denn die Menschen betrachten einander viel öfter als man glaubt unter dem Gesichtspunkte eines Darstellers, der verpflichtet ist, sich ihnen gegenüber in der Rolle zu behaupten, welche ihre Meinung ihm zuertheilt hat.

Die kalte Neugier der Einen, die mitleidige Schonung der Andern, die bloße Achtsamkeit auf mich waren

mir unerträglich. Bedauert zu werden, weil dies her=
abfetzt und erniedrigt, war mir das Unerträglichste; und
so gut ich es vermochte, suchte ich zu verbergen, was
ich litt. Das lag auch durchaus in den Planen und
Grundsätzen meines Vaters, und mein Bestreben, gleich=
mäßig in der alten Weise des Daseins fortzugehen,
wurde unterstützt, obschon ich es fühlte, daß meine
Mutter mich innerlich beklagte, daß mein Vater milder
als sonst mit mir verkehrte, daß ich neben ihm an einer
Freiheit gewann, die mir damals noch zu gar nichts
nützte, weil meine Erziehung mich unfähig gemacht
hatte, sie zu gebrauchen.

Im Verkehr mit meinen Freunden, in unserer
Häuslichkeit und Geselligkeit blieb sich Alles gleich und
war mir Alles gleichgültig. Nur zwei Gedanken be=
schäftigten mich. Wie war das möglich? fragte ich
mich wieder und wieder, und dann drängte sich mir
die zweite Frage auf: kann das so bleiben? werde ich
ihn nicht wiedersehen? — Ein junges Herz, das liebt,
hat nicht viel Gedanken.

Da man mich in der Familie doch wohl sehr ver=
ändert finden mochte, und da die im Sommer erfolgte
Einsegnung meiner beiden Brüder mich sehr ergriffen
hatte, bot mein Vater, ich glaube auf Veranlassung

der Mutter, es mir im Herbste plötzlich an, auch mich
zum Christenthume übertreten zu lassen. Meine erste
Empfindung galt bei dieser Nachricht aber nicht der
Freude, ein früher so sehnlich erstrebtes Ziel erreichen
zu können, sondern nur dem entfernten Geliebten. Ich
erinnerte mich der Ansicht, welche mein Vater vor der
Taufe der Brüder über den Religionswechsel der Frauen
ausgesprochen hatte, ich mußte danach diesen plötzlichen
Entschluß, mich Christin werden zu lassen, irgendwie
auf Leopold's Einwirkung zurückführen, und während
ich meine Zufriedenheit mit der erlangten Bewilligung
aussprach, dachte ich eigentlich an nichts weniger, als
an irgend etwas Religiöses.

Alle meine Hoffnungen belebten sich neu — alle
täuschten sie mich. Leopold hatte gar Nichts mit dem
Entschlusse meiner Eltern gemein, er lebte nach wie
vor bei seinem Bruder, und wenn ich unsere Freundin
nach ihm fragte, so erhielt ich den Bescheid, daß seine
Gesundheit schlecht sei, daß er seine Eltern im Harz
besucht habe und mit dem Vorsatz, noch in Preußen zu
bleiben, hierher zurückgekommen sei. Aber sein Fieber
kehre immer wieder, er sei recht krank, und wenn ich
gescheut wäre, würde ich ihm längst einmal geschrieben
haben.

Bald nachher begann der Religionsunterricht, den mir der treffliche Consistorialrath Kähler ertheilte. Weil ich achtzehn Jahre und somit zu erwachsen war, um der allgemeinen Kinderlehre beizuwohnen, hatte Kähler die Güte mir besondere Stunden zu bewilligen, und je nachdem es sich mit seinen Vorlesungen an der Universität und mit seinen übrigen Beschäftigungen vertrug, ging ich zweimal in der Woche des Abends zu ihm, wenn er es nicht vorzog, zu mir zu kommen.

Das waren schöne, förderliche Stunden, wenn schon sie, sicherlich gegen die Absicht meines würdigen Lehrers, schließlich nicht dazu beigetragen haben, mich in dem Glauben an die eigentlichen Dogmen des Christenthums zu befestigen. Kähler war ebenso geistreich als durchgebildet, ein kluger, erfahrener und herzenskundiger Mann. Es fällt mir, so oft ich mich seiner erinnere, der Ausspruch des heiligen Augustinus ein: Im Wesentlichen Einheit, im Zweifelhaften Freiheit, in Allem — Liebe!

Er war streng und fest in seinen Ansprüchen an die Moralität der Menschen, duldsam gegen ihre Ansichten und gütig in all seinem Lehren und Denken. Er hatte sorgenvolle Jahre durchlebt, und doch sah man seiner geistvollen Stirn, seinen blitzenden, hell-

blauen Augen keine Spur dieser Leiden an. In
Königsberg genoß er die größte Verehrung. Seine
Collegien waren von den Studenten eben so besucht,
als seine Predigten von den Gebildeten aller Stände,
und seine Aufklärung und Toleranz waren so anerkannt,
daß selbst Juden sonntäglich seine Predigten besuchten,
und zu seinen begeistertsten Verehrern zählten.

Er selbst hielt Verkehr mit mehreren jüdischen Fa=
milien, und es war zum Theil sein Beispiel, nicht allein
die fortschreitende Aufklärung der Zeit —[denn der
einzelne Mensch macht und befördert den Fortschritt
der Gesammtheit — das allmählig das Verhältniß der
Christen zu den Juden zu einem besseren umgestaltet
hatte. Grade aber seine Kenntniß des jüdischen Geistes
gab ihm auch den Maasstab für dasjenige, was einem
außerhalb des Christenthums erzogenen Menschen von
den Dogmen desselben zugänglich werden könnte, und
was nicht.

Ohne zu ahnen, wie sehr er damit dem Zuge mei=
nes Geistes begegnete, wies er mich vornehmlich auf
Christus, den durch sein Leben und sein Beispiel die
Welt erlösenden Befreier hin. Die Lehren des Christen=
thums hatten in den letzten Jahren oft den Gegenstand
der Unterhaltung gebildet, wenn Leopold bei uns und

10*

der Vater nicht zugegen gewesen war, der solche Er=
örterung mit einem Gläubigen nicht lieben konnte. Von
dem Munde Leopolds kommend, hatte die christliche
Liebeslehre eine neue Bedeutung, einen höheren Werth
für mich erlangt, und weil er glaubte, hatte ich mir
nicht mehr erlaubt zu zweifeln. Ich hatte nicht denken
mögen, weil es mir süßer war, mit ihm gemeinsam
zu empfinden. So hatte ich mich in aller Unschuld
in ein Gewebe von Halbheit und Selbstbetrug einge=
sponnen, und hatte felsenfest geglaubt, mit meinen Ueber=
zeugungen mich auf dem Standpunkte zu befinden, den
Leopold als Schüler Kählers einnahm, und den auch
dieser natürlich festhielt. Mit gutem Gedächtniß und
weiblicher Aneignungsfähigkeit hatte ich mir eine Reihe
von fremden Anschauungen erworben, mit denen mein
Lehrer zufrieden war. Er hatte offenbar Freude an
meinem Bestreben, mich im Christenthume festzusetzen,
und von diesem Mittelpunkte aus die Welt und das
Wesen des Menschen, unsere Pflichten und unsere Hoff=
nungen verstehen zu lernen.

Sein Unterricht war kein pedantisches Lehren, son=
dern ein freies Besprechen, das jede Frage und jeden
Einwand von meiner Seite zuließ. Ich war in unserm
wie in seinem Hause immer während des Unterrichtes

mit ihm allein, und er hatte mir ein solches verehrendes
Vertrauen eingeflößt, daß ich ihm sicher alle meine
Zweifel ausgesprochen haben würde, hätte ich deren in
seiner Nähe gehegt. Es giebt aber Menschen von einer
solchen geistigen Ueberlegenheit, daß sie uns durch ihr
Wort, durch ihren Blick, und vollends durch ihr eigent=
liches Sein, in den Kreis ihres Denkens bannen, und
zu diesen gehörte Kähler. Nicht, daß er mich einge=
schüchtert, meine Denkfreiheit gehindert hätte. Im
Gegentheil! Er fragte mich immer sehr genau, ich
antwortete ebenso. Wo ich nach seiner Meinung irrte,
klärte er mich mit seiner auf das Wesentliche gestellten
Duldsamkeit freundlich und geduldig auf, und so lange
ich mit ihm war, ja während der ganzen Monate,
welche dieser Unterricht währte, fühlte ich eine wach=
sende Zufriedenheit, die ich meiner klarer werdenden
Erkenntniß des Christenthums zuschrieb, und von der
ich dachte, daß Leopold große Freude daran haben
würde, wenn er darum wüßte.

Im Februar erklärte mein Lehrer mich genugsam
vorbereitet, die Taufe zu empfangen. Der vierund=
zwanzigste Februar, der Hochzeitstag meiner Eltern,
wurde für diesen kirchlichen Akt festgesetzt, und Kähler
forderte mich nun auf, ein Glaubensbekenntniß anzu=

fertigen, zu dem ich mich dann in Gegenwart der
Freunde bekennen sollte, die ich mir zu meinen Tauf-
zeugen auserwählt hatte.

Indeß kaum setzte ich mich nieder, dieses Glaubensbekenntniß zu schreiben, als ich — nun allein — im
Nachdenken mit mir selbst, die unwiderstehliche Einsicht
gewann, daß ich beinahe Nichts von Alle dem glaubte,
was das Wesen des kirchlichen Christenthums ausmachte,
was die eigentlichen Glaubensartikel bildet. Ich glaubte
nicht an die göttliche Abstammung des Heilandes, ich
glaubte nicht an den "einigen Sohn, unsern Herrn, der
empfangen ist vom heiligen Geiste, geboren von der
Jungfrau Maria, gelitten unter Pontio Pilato, gekreu-
zigt, gestorben und begraben, niedergefahren zur Hölle,
am dritten Tage wieder auferstanden von den Todten,
aufgefahren gen Himmel, sitzend zur rechten Hand
Gottes, des allmächtigen Vaters, von dannen er kommen
wird zu richten die Lebendigen und die Todten." — Ich
glaubte nicht an Unsterblichkeit, geschweige denn an die
Auferstehung des Fleisches; ich glaubte weder an eine
angeborene Sünde, für die ich, obschon ich sie schuldlos
trug, zu büßen hätte, noch an die Möglichkeit von einer
Sünde, die ich selbst und frei begangen hätte, erlöst
werden zu können durch den Tod des vor achtzehnhun-

dert Jahren schuldlos gekreuzigten Ideals der Menschheit. Ich glaubte auch nicht an die befreiende Kraft
des Abendmahls; an Nichts glaubte ich eigentlich von
Alle dem, zu dem ich mich bekennen sollte, und ich war
darüber in Verzweiflung.

Ich hatte mehrere Tage Zeit für die Ausarbeitung
meines Glaubensbekenntnisses erhalten, und jeder hin-
schwindende Tag steigerte meine Rathlosigkeit. Ich
schreckte vor dem Gedanken zurück, feierlich eine Unwahrheit auszusprechen und also bei der Taufe einen
Meineid zu schwören. Ich schreckte fast ebenso vor
dem Gedanken zurück, dem verehrten Lehrer zu sagen,
wie weit ich die Freiheit ter rationellen, menschlichen
Deutung des Christenthums ausgedehnt hatte, zu der
er mir freilich in seinen Erklärungen desselben ein ge-
wisses Recht gegeben. Ich stellte mir vor, welchen
Eindruck es auf Leopold machen würde, wenn er er-
führe, — und er mußte das durch die Kähler'sche Familie nothwendig erfahren, — daß ich mich schließlich
geweigert, zum Christenthume überzutreten. Alles, was
wir miteinander gesprochen, mußte ihm einfallen, Alles,
was ich ihm so oft gesagt, mußte ihm wie eine absichtliche
Lüge erscheinen. Er, mein Lehrer, meine Eltern, Ma-

thilbe, sie mußten Alle an mir irre werden, — war ich
es doch beinahe an mir selbst geworden!

Wer aber in solchem Falle nicht an sich selbst verzweifeln will, der kommt leicht dahin, an den Andern
zu zweifeln, und der Instinkt der Selbsterhaltung trieb
mich auf diesen Weg. Ich fing an mich zu fragen,
ob mir mein Lehrer denn auch wirklich den letzten
inneren Kern seines Glaubens enthüllt habe? Ob es
nicht die Geistlichen der christlichen Kirche ebenso mit
den Dogmen und mit den Mysterien hielten, wie sie
selbst es von den heidnischen Priestern erzählten, welche
dem Laien das Symbol statt der Wahrheit gaben. Ich
fragte mich, wie es möglich sei, daß ein Mann von so
scharfem Geiste wie Kähler, ein Mann von so ernstem
Ringen nach Wahrheit wie Leopold, an die Mysterien
des Christenthums glauben könnten; und weil mir dies
für mich unmöglich fiel, sagte ich mir dreist, daß es
auch ihnen unmöglich sein müsse, daß sie sich ein Recht
zuerkennen müßten, innerhalb der festgestellten Dogmen
sich einen geläuterten Inhalt, innerhalb der Form den
reinen Geist zu denken. Eine Religion, die für Alle
auf ein Mysterium gegründet war, mußte auch dem
Einzelnen sein Mysterium zugestehen, und wenn die
Lehrer des Christenthums sich mit einem schweigenden

Wissen neben dem ausgesprochenen Bekenntniß abfinden zu können glaubten, warum sollte ich nicht dasselbe thun dürfen, wenn ich mich in der gleichen Lage befand wie sie? — Ich wiederhole es: weil ich auf dem Punkte stand, feierlich eine Unwahrheit auszusprechen, klagte ich die Männer, welche ich verehrte, in meinem Herzen des gleichen Unrechts an!

In diesem Sinne mich beschwichtigend, ging ich daran, mein Glaubensbekenntniß zu verfassen. Es war ein trauriges Muster von schwungvollem Jesuitismus. Ich vermied so viel ich konnte jede positive Erklärung, und bei der Unklarheit, mit welcher junge Mädchen sich im Allgemeinen über abstrakte Gegenstände auszudrücken pflegen, hätte es in manchem andern Falle wohl passiren können. Für mich aber, die schon damals eine Herrschaft über ihre Gedanken und deren Ausdruck besaß, war es ein reines Product der Berechnung, und als solches mir in späteren Jahren so unheimlich und widerwärtig, daß ich es gelegentlich verbrannte, um dieses Actenstück gegen meine Wahrhaftigkeit nicht immer wieder zu Gesichte zu bekommen.

Der Tag meiner Taufe rückte nun heran, sie sollte, wie die meiner Brüder, wieder in der Kähler'schen Wohnung vollzogen werden, weil man bei uns zu Hause kein Aufsehen damit machen wollte, und es war eine Abendstunde dazu festgesetzt. Ich hatte mir meine Tauf= zeugen selbst gewählt: ein Paar ältere meinen Eltern befreundete Männer, die ich schätzte, die Consistorial= räthin Kähler, ein wahres Musterbild einer edlen und gebildeten Matrone, und meine Freundin Mathilde. Meine Eltern, meine Brüder waren zugegen, die Taufe, die Confirmation gingen in würdiger Weise vorüber. Meine gute Mutter war sehr erfreut, wieder eines ihrer Kinder dem Judenthume entzogen zu haben; mein Vater sagte: möge es Dir zum Guten gereichen! — Das war Alles.

Als ich aber nun dastand, aufgenommen in den Bund der christlichen Gemeinde, als meine Freundin, meine Brüder mich beglückwünschten und umarmten, als ich selbst mir sagen mußte, daß ich mich mit diesem Schritte in gewissem Sinne Leopold genähert und von den Eltern entfernt hatte — fand ich mich dem Ersteren grade jetzt mit allem meinem Glauben ferner, und mei= nem Vater mit meinen Ueberzeugungen enger verbun= den, als je zuvor. Es war einer der wenigen Momente meines Lebens, in denen ich mich mit mir selbst im Zwiespalt und deshalb sehr unglücklich fühlte.

Ich war mir bewußt, einen Entschluß, an den ich

mit gutem Glauben, mit Liebe und mit Zuversicht her=
angetreten war, mit einer mir sonst fremden Heuchelei
ausgeführt zu haben, weil mir der Muth gebrach, einen
Irrthum einzugestehen und mich mit Denen, welche ich
am meisten liebte, in offenen Widerspruch zu setzen.
Ich hatte mich vor mir selbst vergangen aus Menschen=
furcht und Liebe, und wenn ich in jener Stunde, die
immer einen Abschnitt in meinem Leben bezeichnete,
auch keinen andern guten Vorsatz gefaßt hätte, so ge=
lobte ich mir wenigstens, daß es das erste und das
letzte Mal gewesen sein sollte, wo ich von dem Gott
der Wahrheit und der furchtlosen Wahrhaftigkeit abge=
fallen wäre. Und ich glaube, daß ich dies gehalten
habe. — Die Bedeutung und der Geist des Christen=
thums als reinste Lehre der Befreiung und der Brüder=
lichkeit gingen mir aber erst in einer Zeit auf, in wel=
cher die Tage der ersten Jugend schon sehr weit hinter
mir lagen.

Neunzehntes Kapitel.

Mit der fortschreitenden Bildung seiner Kinder hatte meines Vaters eigene Bildung nach allen Seiten zugenommen, und so viel auch seine Söhne an Einzelwissen durch ihre Gymnasialbildung vor ihm vorausbekommen konnten, so blieb er ihnen doch nicht nur durch seine Jahre und seine reife Einsicht überlegen, sondern seine Gesammtbildung überflügelte uns Alle, bis wir selbst über die Jugend hinausgekommen waren. An ihm stellte es sich recht deutlich dar, was mir mein späteres Leben so oft bewahrheitet hat! daß nicht das viele Wissen, sondern das rechte Verstehen und das Zusammenhalten des Erlernten mit dem, was wir erleben, die Bedeutung eines Menschen bedingen. Wäre das bloße Wissen, das bloße in sich Aufnehmen ausreichend, Bedeutung zu verleihen, so müßten alle Gelehrten, die des Studirens, und alle die müßigen Männer und Frauen, die des Lesens und Lernens kein Ende finden können, bedeutend sein, während sie doch so häufig nur abstrakt, unpraktisch und für das Leben fast überall nicht zu brauchen sind. Es gehört ein starker Kopf, es gehört große geistige Selbstthätigkeit dazu, viel in sich aufzunehmen. Wem diese Bedingungen fehlen, den lähmt und verdummt das fortwährende in sich Aufnehmen fertiger Resultate, statt ihn zu fördern.]

Daß man nicht Zeit haben könne, zu lesen und sich zu bilden, das war Etwas, was der Vater in keinem Lebensverhältniß „statuirte." Die Menschen kommen zu Nichts, pflegte er zu sagen, weil sie nicht darauf achten, daß wir zwei Ohren, zwei Augen und nur einen Mund haben, damit wir viel sehen und hören und wenig reden sollen. Sie bringen die Zeit mit unnützem Schwatzen hin, und beklagen sich dann über Mangel an Zeit. Wenn sie nur überlegen wollten, was sie von ihrem Plaudern mit Andern haben, würden sie einen Widerwillen dagegen bekommen. Ein Mann, der viel über kleine Tagesereignisse sprechen, den Frauen galante Dinge sagen konnte, war ihm ein Gegenstand komischer Verwunderung. Kam er einmal in einen Kreis, in welchem sich die gewöhnliche Frauenunterhaltung in ihrer fast geheiligten Trivialität breit machte, so war es ein Vergnügen, den freundlichen Ausdruck des lächelnden Erstaunens in seinem edlen Antlitz zu beob-

achten, mit dem er auf eine solche Gesellschaft wie auf
Wesen einer ganz besonderen Species hinsehen konnte.

Er war von einer großen, aber sehr ruhigen Thätigkeit, wobei ihm freilich eine vollkommene Gesundheit
zu Statten kam. Im Sommer stand er um fünf Uhr,
im Winter um sechs Uhr auf, und hatte dann zwei
Stunden, die er, ehe er in sein Geschäft ging, mit Lesen
zubrachte. Einige Jahre hindurch hatte er sich hauptsächlich mit historischen Werken beschäftigt. Im Laufe
des Tages kamen dann, sobald sich ihm ein Paar Augenblicke des Rastens boten, die Königsberger und Berliner
Zeitungen an die Reihe; denn der Vater hatte von
jeher eine große Theilnahme für die Zeitereignisse und
für die Politik gehabt, und spät am Abend fand er
immer noch eine Weile, sich mit den neuen Dichtungen
und Romanen bekannt zu machen, an welchen letzteren
ihn aber nur, wie er es nannte, "das Mährchen" inter-
essirte, während die eingestreuten Gedanken und Be-
trachtungen der Verfasser ihm als eine Störung in
seiner Unterhaltung lästig waren. Später, als ich selbst
Romane schrieb, pflegte er mich öfter scherzend zu fragen,
weshalb die Dichter von ihren Romanen nicht zwei
verschiedene Ausgaben veranstalteten, die eine mit guten
Gedanken für Personen, die sich noch bilden wollten,

und die andere ganz einfach und faktisch für ältere Per=
sonen, die selbst gedacht hätten und sich nicht mehr zu
belehren brauchten.

Das Jahr achtzehnhundert und dreißig steigerte seine
Theilnahme an der Politik. Die Namen der großen
englischen und französischen Staatsmänner waren uns
durch den Vater von jeher geläufig gewesen, und von
früh auf hatten wir die Vorzüge der konstitutionellen
Regierung rühmen hören. Als sich nun in Frankreich
die Bewegung gegen die Reaction der Bourbonischen
Herrschaft kund zu geben anfing, lebte und webte der
Vater in der Theilnahme für die französischen Liberalen,
und die Unterhaltung richtete sich mehr und mehr auf
politische Gegenstände hin. Während man in den kauf=
männischen Kreisen mit Besorgniß der Möglichkeit ent=
gegensah, daß in Frankreich in Folge der Ordonnanzen
eine neue Revolution zum Ausbruch kommen könne,
hoffte der Vater entschieden auf diese Umwälzung, und
ich erinnere mich noch sehr deutlich, mit welch' leuch=
tenden Augen er uns die Nachricht von der Juli=Re=
volution verkündete.

Wir saßen mit der Mutter und ihrem ältesten
Bruder, dem Doctor, unter dem Schatten der Markise
auf dem Wolme, als der Vater die Stufen zu dem=

selben schnell herauf kam. Er hielt ein Zeitungsblatt
in der Hand und sagte: die Revolution ist ausgebrochen,
Karl der Zehnte ist entflohen, die Liberalen haben ge=
siegt, der Herzog von Orleans ist zum General-Lieute=
nant von Frankreich proklamirt, Lafayette, Casimir
Perrier, Lafitte haben das Ruder in Händen! Das
wird Luft und Bewegung nach allen Seiten schaffen!

Der Vater war freudig erregt und schwungvoll, der
Onkel, bedeutend älter als er, schüttelte abwehrend den
Kopf. Die frühere Knechtschaft der Juden hatte ihn
ängstlich gemacht, er war ein Bürger, wie despotische
Regierungen sich ihn wünschen müssen. Er war voll=
kommen zufrieden, wenn man ihn seine Steuern zahlen,
in seinem Berufe arbeiten und in seinem Hause nach
Belieben schalten ließ.

Sprechen Sie nicht zu laut davon! sagte er zum
Vater, was soll Ihnen das? Sie sind ein Mann, der
Frau und Kinder hat! Und was geht es uns an?
Still sein und die Ohren ankneifen, ist immer das
Beste.

Diese letztere Wendung war ein Lieblingsausdruck
des Doctors, und dieser Ausdruck war dem Vater wo=
möglich noch fataler, als die Gesinnung, aus welcher er
hervorging. Er antwortete entschieden ablehnend, der

Onkel entfernte sich, und der Vater ließ sich nun von uns
die Zeitungsberichte noch einmal vorlesen, gleichsam um
sie doppelt zu genießen, wobei er der ersten französischen
Revolution und ihrer Vorkämpfer gedachte, und mit
Wärme die Entwicklung einer freien Verfassung auch
für Preußen erhoffte. Die Julirevolution war recht
eigentlich eine Revolution nach seinem Sinne, denn
sie brachte den gebildeten Bürgerstand an das Re=
giment, sie legte die Gewalt und den Schwerpunkt
in die Hände des Standes, zu dem er selbst gehörte,
in die Hände der intelligenten Gewerbtreibenden, und
darüber hinaus gingen weder die Wünsche, noch die
Ansichten des Vaters. Hätte er die Zeit von acht=
zehnhundert acht und vierzig erlebt, hätte er sich in
einer solchen Zeit in der Fülle seiner Kraft befunden,
so würde er sich ohne Frage den Bestrebungen der
Demokratie auf das entschiedenste abgeneigt bewiesen
haben. Er war allen seinen Untergebenen ein ge=
rechter und vorsorglicher Herr, sie blieben lange
in seinen Diensten, sie hingen alle an ihm, und
verehrten ihn, wie auch die Handwerker es thaten, die
er beschäftigte. Aber den Gedanken, daß seine Commis,
sein Herr Jürgens, sein Herr Ehlers, daß seine
Arbeiter, sein Wilhelm und sein Friedrich, mit ihm

gleich stimmberechtigt sein sollten, daß seine Faßbinder,
seine Weinschröter mit ihm zusammen wählen, daß sie
neben ihm Etwas zu sagen haben sollten, würde er
als eine Thorheit, ja als eine Beleidigung seiner
Würde von sich gewiesen haben. Er war eine durch=
aus auf das Befehlen und auf die Ausübung der
Oberherrlichkeit gestellte Natur. Selbst in den Be=
ziehungen zu seiner Familie war Etwas von dem alten
Stammesoberhaupt in ihm zu fühlen, und als Edel=
mann geboren, würde er ein starrer Aristokrat gewesen
sein. Er galt mir in diesem Betrachte immer als ein
Beweis dafür, wie schwer selbst Menschen von hellem
Geist und edlem Herzen die Schranken der Zeit über=
schreiten, in welcher sie die Jahre ihrer Kraft ver=
lebten.

Auf mich aber machte die französische Revolution
einen tiefen Eindruck, denn sie war nächst dem grie=
chischen Freiheitskampfe, dessen Helden und Thaten
mich in der Kindheit doch nur wie mährchenhafte Er=
scheinungen berührt hatten, das erste große Ereigniß,
das ich mit deutlichem Bewußtsein, und mit meinem
Verständniß darauf vorbereitet, erlebte. Ich kannte
die Heldenthaten, welche durch die Jahrtausende für
Erlangung einer unterdrückten Freiheit unter den ver=

schiedenen Völkern verrichtet worden waren, ich hatte
eine große Begeisterung für die deutschen Freiheits=
kämpfe gegen die Napoleonische Herrschaft gewonnen,
aber mich erfaßte von jeher selbst das Geringere, was
in meinem Bereiche, was mir gewissermaßen sinnlich
nahe und erreichbar war, viel lebhafter, als das Größere,
das mir fern ab lag. Da mir nun ohnehin die fran=
zösische Sprache lieb und geläufig, die französische
Literatur theilweise bekannt war, so bildete sich in mir
in jener Zeit durch die Theilnahme an der Julire=
volution die Theilnahme an den öffentlichen Dingen
überhaupt aus, die mich seitdem nicht mehr verlassen
hat. Theilnahme an einem Allgemeinen aber haben
wir nöthig, um es zu empfinden, wie gering einer
Seits die Bedeutung des Einzelnen in der Gesammt=
heit ist, und um uns doch andrer Seits auch wieder
daran zu erinnern, daß die Masse der Einzel=Bestre=
bungen allein das Gelingen und den Fortschritt der
Gesammtheit möglich machen.

Bei den Männern in unserer Familie fand der
Vater mit seiner Freude an der Julirevolution keinen
sonderlichen Anklang. Sie standen ihm an Bildung
mehr oder weniger fern, und unser Verhältniß unter
unsern Anverwandten war überhaupt ein besonderes

geworden. Die Zeiten, in welchen alle Stämme unserer Familie in ziemlich ähnlicher Lage gelebt hatten, waren lange vorüber. Man ging nicht mehr, wie das noch in meiner Kindheit geschehen war, einander nach dem Abendbrode besuchen, um noch bei einem Glase Punsch oder Kalteschaale, je nach der Jahreszeit, eine Stunde zu plaudern, man wohnte nicht mehr so nahe beisammen, auch die Vermögensumstände waren ungleich geworden. Ein Paar von den Schwestern meiner Mutter waren reiche oder doch wohlhabende Frauen, eine Andere hatte es nicht reichlicher als wir, die Schwestern meines Vaters kämpften fortdauernd mit Mangel, da ihre Männer sich nicht aus ihren Verlusten heraufzuarbeiten verstanden; und obschon man sich gegenseitig nach Kräften half und stützte, wurde nicht nur die Lebensweise in den verschiedenen Häusern, sondern auch der Bildungsgrad, die Interessen, der Umgang, und die Erziehungsweise der Kinder, je nach den Umständen, eine verschiedene.

Die Mutter hatte mit ihren Schwestern, von denen nur eine Kinder hatte, so lange sie lebte, ein herzliches Verhältniß, die Tanten schätzten auch den Vater sehr, und hatten uns Kinder lieb; aber die ganze Erziehung, und die ganze Richtung, welche uns gegeben worden,

wurde fortdauernd kritisirt und als zu vornehm be=
zeichnet, obschon der älteste Schwager meiner Mutter,
ein sehr vermögender und geachteter Mann, bei dem
Unterrichte seiner Kinder, die theils älter, theils jünger
als ich, mir liebe Genossen gewesen sind, es auch in
keiner Weise fehlen ließ. Aber meine Cousinen hatten
die Aussicht, einst wohlhabend zu werden, wir hatten
diese Aussicht nicht, und so mußte ich von den Onkeln
und Tanten oftmals den Ausspruch hören, daß ich
weit über unsere Verhältnisse erzogen werde, daß ich
für keinen Mann unseres Standes passen würde, da
der Vater ja nur gelehrte und studirte Leute, und gar
keine jüdischen jungen Kaufleute bei sich sähe; und
als ich dann vollends zum Christenthume übergetreten
war, und die Verbindung mit Leopold sich zerschlagen
hatte, gehörte die Frage, was der Vater einmal mit
den sechs vornehm gewöhnten Töchtern anzufangen
denke, zu den Hauptunterhaltungen, mit denen meine
kinderlosen Onkel und Tanten, wenn ich allein bei
ihnen war, mich heimzusuchen pflegten.

An meinen Vater kamen solche Bemerkungen nie
heran, denn Jeder wußte, daß er der Mann war,
sie so entschieden als möglich abzuweisen, aber die
Mutter wußte sich ihrer nicht zu erwehren, und wurde

daburch verstimmt. Sie that für uns mit dem un=
abweislichen Glauben, daß Bildung das höchste Glück
sei, was irgend in ihren Kräften stand. Sie wachte
über unser äußeres Betragen, über unsere Sprache
und Haltung mit so feinem Takte, und mit solch
unermüdlicher Geduld, als wäre ihr in ihrer Jugend
Aehnliches zu Theil geworden. Sie konnte jedoch nicht
sagen, was sie sich eigentlich von unserer Zukunft für
ein Bild machte, und einzugestehen, daß ihr Hauptwunsch
darauf gerichtet sei, uns nicht an Juden zu verhei=
rathen, ja uns womöglich aus jedem Zusammen=
hange mit Juden zu entfernen, das konnte sie nicht
über sich gewinnen.

Ich selbst half mir meinen Verwandten gegenüber
stets mit Trotz. Ich wußte, daß keine der Anklagen
gegen meine sogenannte Verwöhnung und Vornehm=
heit zutraf, denn von mir allein konnte die Rede sein,
da die andern Schwestern sämmtlich noch Kinder
waren. Ich nähte, arbeitete, leistete in der Familie
grade so viel, wo nicht mehr als alle andern Mädchen,
ich schneiderte für das ganze Haus, ich faßte überall
an, griff überall zu, wo es in der Wirthschaft noth=
wendig war; aber weil die Mutter uns gewöhnt hatte,
von früh bis spät völlig angekleidet zu sein, und es

uns nie zu irgend einer Arbeit »bequem zu machen,«
und weil wir Alle zufällig Hände hatten, denen die
Arbeit Nichts anthat, so hieß es dann immer, wir
müßten wohl die Hände nicht in kalt Wasser stecken,
um sie für das Clavier und die Gesellschaft weiß zu
erhalten, und was es an ähnlichen Bemerkungen
müssiger Frauen noch mehr gab.

Weit entfernt mich zu vertheidigen, ließ ich mir
das gern gefallen. Sagte man mir, ich sei zu vornehm, so versicherte ich, ich würde einmal noch viel
vornehmer werden, wenn ich Herr meiner Handlungen
wäre. Setzte man mir auseinander, daß ich für keinen
Mann unseres Standes passe, so erklärte ich, daß es
mir auch nie eingefallen sei, einen solchen jemals heirathen zu wollen. Warfen sie mir vor, daß ich an irgend
einem Orte nicht herangekommen sei, sie zu begrüßen,
was sie mir als eine Verläugnung auslegten, so lachte
ich dazu in einer Weise, die sie deuten konnten, wie
sie mochten. Ich hatte ein Vergnügen daran, sie zu
ärgern, weil sie mir Unrecht thaten, und mir Verdruß
machten, und da sie es im Grunde doch gut meinten,
da sie mich lieb hatten, so habe ich ihrer in späterer
Zeit immer mit einer Art von Beschämung gedacht.
Es ist aber ein durchgehender Zug in den jüdischen

Familien, daß man, um in ihnen Duldung für sich und
seine abweichende Richtung zu erlangen, reich sein muß.
Dem reichen Juden verzeiht der ärmere Jude jeden
Hochmuth, ja selbst eine Impertinenz; die Selbstach=
tung und das Streben des Unbemittelten, sich über
die bisherigen Schranken der allgemeinen Familien=
bildung zu erheben, erscheinen ihm dagegen als eine nicht
zu billigende Anmaßung, bis man sein Ziel erreicht hat,
und der Familienstolz sich dann des Erwerbnisses des
Einzelnen als eines Familiengutes bemächtigt, und es
als solches schätzt und ehrt. Es mag sich vielleicht
auch unter den Deutschen, und in den Familien aller
Völker ziemlich das Gleiche wiederholen, ich habe es
nur bei den Juden ganz besonders vorherrschend gefunden;
und ich glaube, daß der oppositionelle Geist einzelner
Juden, der zu Zeiten so viel von sich hat reden machen,
seine Nahrung nicht nur direkt aus den staatlichen
Verhältnissen derselben, sondern ebenso auch aus dem
Gemeinde= und Familienleben der Juden gezogen hat,
welche denn freilich auch wieder durch ihre staatliche
Ausschließung bedingt worden sind.

Damals war es nun, daß die Börne'schen Schriften
ein großes Aufsehen zu machen begannen. Seine
Auffassungsweise hatte etwas typisch Nationales, das

uns Alle mächtig ergriff, seine Ideen hatten etwas
Erweckendes, das die erzeugte Erregung nicht mehr
zum Einschlafen kommen ließ. Man mußte sich rück=
erinnern, man mußte vorwärtsdenken! Jede einzelne
dieser Börne'schen Skizzen war ein zündender Funke,
in jeder seiner Arbeiten fühlte man, mit welcher Kraft
der feste Verstand das heiße Herz zu bemeistern strebte,
und wie das heiße Herz den Verstand zu seinen Schlüssen
und Vergleichen vorwärtstrieb. Auch die kleinste seiner
Arbeiten war ein Aufruf zur Befreiung von irgend
welchen Vorurtheilen, ein Aufruf zur Freiheit über=
haupt, und wie die Gedanken darin stark und frisch
und muthig waren, so war auch der Styl freier, die
Sprache, in welcher er redete, flüssiger und energischer
geworden, als man es seit den Zeiten Lessing's erlebt
hatte. Mich überraschte nicht nur der Geist der Börne'=
schen Schriften, sondern seine Sprache machte solchen
Eindruck auf mich, daß ich nicht müde wurde, sie mir,
rein um des Klanges und der Lebendigkeit willen, immer
und immer wieder laut vorzulesen, so daß ich später ein=
zelne Skizzen wie: den "Roman" und den "Janustempel"
wörtlich auswendig wußte. Was Börne und Heine
für die deutsche Sprache gethan haben, und daß sie
es hauptsächlich gewesen sind, die ihr die Schnellkraft

und Schlagfertigkeit wiedergegeben haben, welche allein
sie für die Behandlung der politischen und socialen
Debatte geeignet machten, das hat man, dünkt mich,
noch immer nicht ganz nach Gebühr gewürdigt. Sie präg=
ten die Goldbarren des Sprachschatzes, den Schiller
und Goethe aufgehäuft hatten, in Münze um, und mach=
ten zum beweglichen und fördernden Gemeingut, was
bis dahin schwer benutzbar, sich im ausschließlichen
Besitze einiger Wenigen befunden hatte.

Der französischen Revolution folgte die belgische
auf dem Fuße, die Welt war in Bewegung gekommen,
man hörte unablässig neue, aufregende Nachrichten, und
wollte deren immer noch mehr haben. Die Frage:
was bringst Du Neues mit, lieber Vater? war Allen,
wenn der Vater am Mittag um ein Uhr von der Börse
zurückkehrte, sehr geläufig geworden. Wir waren dann
meist Alle mit der Mutter in der kleinen Vorstube,
die an der Straße lag, beisammen, um gleich in das
große Wohnzimmer und zu Tisch gehen zu können,
wenn der Vater heimkehrte, und so saßen wir auch im
September einmal Alle mit unsern Arbeiten ihn er=
wartend da. Die Mutter an dem gewohnten Platz auf
dem Fenstertritt, ich ihr, wie immer, gegenüber an dem=
selben Fenster, die Schwester an dem andern Fenster,

die Kinder und die Brüder in der Stube, als der Vater um die rechte Zeit nach Hause kam, und die Frage:
Bringst Du etwas Neues, lieber Vater? ihn wie sonst
auch empfing.

Ja! sagte der Vater, ich bringe etwas Neues,
aber nichts Gutes, vielmehr etwas recht Trauriges!

Erschreckt, weil solche Anmeldungsweise gar nicht
des Vaters Art war, sahen wir zu ihm empor, seine
Mienen verkündeten, daß er selbst sehr betroffen war,
und mit bewegter Stimme sagte er: ich habe eben er=
fahren, daß Leopold in Braunsberg gestorben ist.

Alle schwiegen, Alle sahen nach mir, und ich saß
so ruhig da, wie kaum einer der Andern. Gehört hatte
ich ganz deutlich, was der Vater gesagt hatte, verstan=
den hatte ich es auch, ich hatte auch seit längerer Zeit
davon sprechen hören, daß Leopolds Fieber immer wie=
dergekehrt sei, und daß man für seine Brust zu fürchten
anfange; aber kräftig und lebensvoll, wie ich ihn ge=
kannt, hatte ich ihn mir eigentlich kaum krank, geschweige
denn in irgend einer Gefahr zu denken vermocht, und
daß er todt sein könne — das faßte ich nicht. Ich
war wie betäubt, ich empfand Nichts als eine Art
innerlicher Lähmung.

Die Mutter fragte um die nähern Umstände, mein

Bruder, der Leopold sehr lieb gehabt hatte, war er=
schüttert, die Schwestern alle sprachen freundlich und
bedauernd von ihm, ich saß immer fort. Endlich sollte
man zu Tische gehen, und die Eltern fragten mich, ob
ich vielleicht in meiner Stube essen wolle? Ich lehnte
das ab, und ging mit den Andern ruhig zu Tisch. Und
so sonderbar ist unser Wesen organisirt, daß ich mich
heute noch der Speisen erinnere, welche ich damals ge=
noß, daß ich mich erinnere, wie der Vater während
der Mahlzeit den Handlungsgehilfen die Nachricht von
Leopolds Tode mittheilte, während ich doch die ganze
Zeit wie empfindungs= und gedankenlos war.

Nach der Mahlzeit ging ich gewöhnlich in meine
Stube. Ich that das auch an dem Tage. Die Schwestern
und die Brüder waren in ihre Schule und in ihr Gym=
nasium gegangen, ich saß an dem Fenster, an dem ich
immer gesessen, wenn er früher Mittags mit seinen
Schülern die Straße hinabgekommen war, mich zu
sehen und zu grüßen. Heute kam er nicht — und er
konnte nun auch nie wieder kommen!

Das sagte ich mir immer, weil ich gern hätte wei=
nen mögen, weil ich gern hätte aus der Leblosigkeit
herauskommen mögen, die mich befallen hatte; aber es
half mir Nichts. Ich konnte nicht weinen, und mitten

aus der Erstarrung rang sich in mir eine verzweiflungs=
volle Reue darüber empor, daß ich blind und willenlos
wie eine Maschine den Befehlen meines Vaters Folge
geleistet, daß ich nicht den Vorstellungen meiner Freun=
din gefolgt war, und ihn nicht wiedergesehen hatte, als
er mich wiederzusehen verlangt. Ein nicht zu bannendes
Schuldbewußtsein, ein Zorn gegen meinen Vater ka=
men als neue quälende Gefühle hinzu, und dabei immer
das Gefühl der Erstarrtheit. Es waren ein Paar Stun=
den, deren ich noch mit Entsetzen gedenke.

Der Besuch einer Freundin, die Leopolds Tod
ebenfalls erfahren hatte, riß mich aus der Lähmung
meines ganzen Wesens heraus. Ihr bleiches Gesicht,
die Zärtlichkeit, mit welcher sie mir um den Hals fiel,
ihre Thränen riefen die meinen hervor, ich weinte, ich
fing an zu sprechen, ich konnte fühlen, was ich verloren
hatte — und ich war noch so jung, daß ich glaubte
mit allen Wünschen und Hoffnungen für das Leben
fertig zu sein. Das Unglück, das die Jugend trifft,
wirkt darum so stark, weil sie die herstellende Kraft
des Lebens noch nicht kennen gelernt hat, und also
jeden Verlust wie einen unersetzlichen empfindet, jede
zerstörte Hoffnung als die einzige und letzte anzusehen
geneigt ist. Es ist deshalb in diesem Sinne sehr

falsch, die Jugend als die Zeit des Muthes und der Hoffnung zu bezeichnen, welche Beide weit mehr eine Frucht der Erfahrung und ein Erwerbniß der reifen Jahre sind.

Weder mein Vater noch meine Mutter sprachen nach jenem Tage je wieder eine Sylbe über Leopold zu mir, noch ich zu ihnen. Meine herangewachsenen Geschwister und ein Paar von meinen Freundinnen trösteten mich so gut sie konnten, und boten mir die Möglichkeit von ihm zu reden. Wie er die letzten Zeiten seines Daseins zugebracht, wie er gestorben war, darüber habe ich Nichts erfahren. Es blieb mir dunkel und geheimnißvoll. Nur mein Verlust war mir klar. Ich hatte ein ganzes Liebesleben durchlebt und durchlitten, ohne den Gegenstand desselben je anders als im Beisein meiner ganzen Familie gesprochen zu haben; ich hatte eine Zukunft sich vor mir aufbauen sehen, ohne andere Basis, als die des Glaubens an den Geliebten, und sie war zusammengestürzt, ohne daß ich begreifen konnte, woher der vernichtende Stoß gekommen. Ich stand an einem Grabe, und durfte kaum zeigen, daß ich trauerte. — Eines aber hatte ich gewonnen — die Kraft innerlich zu erleben, ohne nach außen viel davon zu verrathen, die Kraft mich auf mich

selbst zu stellen und mich in mich selbst zusammen zu
fassen. —

Viele Jahre später, als ich einmal mit meinem
Freunde Johann Jacoby aus Königsberg, über diese
Aufzeichnungen aus meinem Leben sprach, kamen wir auch
auf Leopold zu reden, der sein Freund gewesen war.
Aber auch ihm war das Verhalten desselben ein Räthsel
geblieben, und als ein solches hat die Erinnerung an
diese Jugendliebe mich durch mein Leben begleitet. Ein
Brief, den Leopold wenig Monate vor seinem Tode
an Johann Jacoby geschrieben, und den dieser mir
neuerdings einmal gesendet hat, als er ihm durch Zufall in die Hände fiel, war die erste Handschrift, die ich jemals von Leopold gesehen habe. Er war einige Monate
vor seinem Tode aus seinem Vaterhause im Harz
datirt, und enthielt die Mittheilung, daß er trotz des
Wunsches seines Vaters, der den Sohn zum Abjunkten
verlangte, nach Preußen zurückkehren, und in Königsberg ein Hilfslehreramt an einem der Gymnasien an-
treten wollte. Ein neues Erkranken hielt ihn auf dem
Wege im Hause seines Bruders fest, und dort ist er
gestorben.

Personen meines damaligen Umgangskreises haben,
als ich später dichterisch zu schaffen angefangen hatte,

in meinem zweiten Romane „Jenny" eine Geschichte
dieser Jugendliebe zu finden geglaubt; indeß wer
meine jetzige Erzählung und jene Dichtung vergleicht,
wird es herausfühlen, daß in „Jenny" weit mehr
meine religiösen Erlebnisse und die Erfahrungen, welche
ich über die sociale Stellung der Juden zu machen
Gelegenheit hatte, ihre poetische Abspiegelung und
Verklärung gefunden haben, als meine Herzenserleb=
nisse. Ich war nicht reich wie Jenny, ich hatte dem
Geliebten gar keine Opfer zu bringen gehabt, und nicht
nur würden meine Eltern zufrieden gewesen sein, mich
einem jungen Theologen zu verheirathen, sondern ich
selber würde es, ganz abgesehen von meiner Neigung
für Leopold, damals als ein großes Glück betrachtet
haben, die Frau eines Landpredigers zu werden; und
von des Candidaten Reinhold eigensüchtigen Wunder=
lichkeiten war in dem schönen und einfachen Charakter
Leopold's nicht eine Spur zu finden. Ich habe über=
haupt niemals in meiner ganzen dichterischen
Thätigkeit ein reines Portrait von irgend
Jemand dargestellt, und niemals ein wirk=
lich erlebtes Faktum in seiner Nacktheit
wiedergegeben, wenngleich ich hie und da eine
einzelne Scene, einen Moment, einen episodischen Vor=

gang nach meinen Erlebniſſen oder nach Erfahrungen
an Fremden, hingeſtellt habe. Ich meine, ſo wird es
auch den Meiſten ergangen ſein, die eine ſelbſtſtändig
ſchöpferiſche Kraft in ſich empfinden.

Der Dichter arbeitet in gewiſſem Sinne genau ſo,
wie es der Maler und der Bildhauer thun, nur daß
er nicht wie dieſe, ſeine Studien im Momente auf
dem Papiere feſthält. Ich ſah einmal in dem Atelier
eines Malers in Paris, in der großartigen Skizze
zu einer Cimbernſchlacht, einen jungen Helden, der
ſich auf ſeinen Schild ſtützte, und deſſen Haltung etwas
ungemein Majeſtätiſches und Edles hatte. Wiſſen Sie,
wo ich den Burſchen her habe? fragte der Künſtler; das
iſt ein Fiſcher, den ich einmal, einer Poiſſarde gegenüber, ſich genau ſo auf ſeinen geleerten Fiſchkorb ſtützen
ſah. Aehnliche Bemerkungen über das, was ſie an-
regte und zeugend in ihnen wirkte, habe ich vielfach
von Künſtlern gehört, und gleiche Erfahrungen an mir
ſelbſt gemacht.

Wer zum Beobachten geneigt iſt, nimmt unwillkürlich
und fortwährend in ſich auf. Wie ſich uns Phyſiog-
nomien einprägen, denen wir vielleicht nur einmal im
Leben flüchtig auf einer Eiſenbahn begegnet ſind, daß
ihr Bild uns im Gedächtniß bleibt, ohne daß wir

wissen, wer sie trägt, ohne daß wir je eine Sylbe mit ihren Trägern gewechselt haben, so prägen sich uns eine Masse von Thatsachen, von Charakterzügen, von Bemerkungen ein, aus denen sich jener geläuterte Vorrath von Erkenntniß und Einsicht bildet, den wir Erfahrung nennen. Aus der Fülle der beruhigten Erfahrung allein läßt sich aber ein reines Kunstwerk erschaffen.]

Müssen doch der Maler und der Bildhauer bis zu einem gewissen Grade selbst von dem Portrait das ganz Zufällige in der Erscheinung fern halten, um das geistige Bild der Person rein darzustellen. Wollen sie aber eine selbstständige Gestalt erschaffen, so darf ihnen die trockene Naturstudie vollends nicht maaßgebend sein. Ganz dasselbe gilt in noch höherem Grade von dem Dichter. Was er dem Leben ohne Läuterung und Idealisirung nachschreibt, wird kleinlich und entstellt, wie das Bild des Daguerrotyps. Was er selbstthätig aus dem angesammelten Schatze seiner Erkenntniß erzeugt, das wird, je nach seiner eignen Begabung, lebensfähig und wahrhaftig sein, und wenn es dies Beides in seinen ursprünglichen Elementen ist, so gewinnt es zwingende Kraft und Gewalt selbst dem Dichter gegenüber, daß er nur weiter schaffen kann innerhalb der

Grenzen jenes erſten Erzeugens, und daß ihm als un=
wahr widerſteht, was der innern Wahrhaftigkeit jenes
hingeſtellten Charakters nicht entſpricht. Es iſt mir
dabei oft das Bild des Goethe'ſchen Zauberlehrlings
eingefallen. Sie heraufzubeſchwören, die Geiſter, haben
wir die Macht; aber ſind ſie einmal da, ſo hat man
ſich zu wehren, daß ſie nicht über uns Herr werden, und
nur die Vernunft und die Gerechtigkeit des Dichters
bannen ſie in ihre Grenzen.

Ich komme auf das, was Wahrheit und was Dich=
tung in dem Dichter und im beſondern in meinen
Arbeiten iſt, wohl ſpäter noch zurück, wenn ich mit
dieſen Aufzeichnungen, bis zu dem Zeitpunkt gelangen
ſollte, in dem ich meine dichteriſche Thätigkeit begann.

Zwanzigstes Kapitel.

Noch waren im Herbste dieses Jahres die Menschen mit den Ereignissen und Folgen der französischen und belgischen Revolution beschäftigt, als Gerüchte über eine große Aufregung der Gemüther in Polen sich bei uns in Preußen zu verbreiten begannen, und das Fortschreiten der Cholera gegen die Grenzen des europäischen Rußlands hin, schwere Besorgnisse einzuflößen anfing.

Von den Zuständen in Polen, von dem Drucke, mit welchem das russische Gouvernement auf dem Lande lastete, von den einzelnen schreienden Ungerechtigkeiten, von den launenhaften und bizarren Thrannei, in welcher der Großfürst Constantin sich gefiel, wußte man, so sehr der Verkehr zwischen Preußen und Polen auch erschwert war, in unserer Heimath doch mehr als genug, um den Widerwillen der Polen gegen die russische Herrschaft begreiflich zu finden.

Mein Vater selbst hätte seiner Geschäfte wegen

mehrmals einen längern Aufenthalt in Warschau gemacht, und die Stadt, und das gesellige Leben in ihr,
und der schwungvolle Charakter ihrer Männer und
Frauen hatten ihm zugesagt. Wir Alle hatten seit
unserer Kindheit viel Polen kennen lernen, da ihrer
alljährlich eine Anzahl mit meinem Vater in Geschäfts-
verbindung standen, und es hatten sich unter diesen
Gutsbesitzern, welche in den Wittinnen ihre Landes-
produkte zum Verkaufe brachten, häufig schöne und
angenehme Männer befunden. Die Mehrzahl von
ihnen verstand das Deutsche gar nicht, einige rade-
brechten es nothdürftig aber Alle sprachen mehr oder
weniger geläufig französisch; und da von diesen Gutsbesitzern und Kaufleuten uns häufig die Damen ihrer
Familie empfohlen wurden, wenn dieselben auf ihren
Reisen nach Deutschland Königsberg berührten, oder wenn
sie in eines der preußischen Ostseebäder gingen, so hatten
wir oftmals polnische Gäste im Hause, deren Unterhaltung dem Vater und mir zufiel, weil in jenen
Zeiten noch Niemand im Hause des Französischen mächtig
war, als wir beide.

Ich hatte auf solche Weise eine gute Uebung in
dieser Sprache gehabt, und eine Vorliebe für die Polen
gewonnen. Die Männer sowohl, als die Frauen,

hatten leichtere Umgangsformen, als ich sie bis dahin
kennen lernen, und eine Wärme des Ausdrucks, eine
Begeisterungsfähigkeit, die für mich etwas Hinreißendes
besaßen. Sie hatten mich auch gern, weil mein Antheil für sie und meine Lebhaftigkeit ihnen zusagten,
und eine ältere polnische Dame, die ihres kranken
jüngsten Töchterchens wegen einen langen Aufenthalt
in Preußen machte, gewann auf mich dadurch einen
Einfluß, daß sie mich bemerken machte, wie vorurtheils-
voll und hart ich in meinen Urtheilen über andere
Frauen und Mädchen, und wie prüde ich selbst sei.
Sie war eine ernste Frau, eine treffliche Mutter, und
wie ihre Landsleute sagten, die mir später von ihr
sprachen, von einem tabellosen Ruf. Es fiel mir daher
auf, als sie sich einmal in einer Gesellschaft im Seebade Kranz, wo ich während einer Woche ihr Gast
war, sehr freundlich der Frau eines Königsberger Pro-
fessors näherte, und mit ihr sprach, welche von den
übrigen Damen mit großer Geflissenheit gemieden wurde,
weil man sie als eine der frühern Maitressen des
Prinzen August bezeichnete. Ich fragte sie am Abende,
ob sie das nicht wisse? — "O ja! versetzte sie, man
ist sehr beeifert gewesen, es mir zu erzählen. Aber
die Frau ist hier um sich zu erholen, sie giebt keinen An-

stoß irgend einer Art, sie war neulich am Strande freundlich gegen meine Tochter, und es ist unbarmherzig, sie so ohne Noth an eine Vergangenheit zu erinnern, die sie vielleicht selbst gern vergessen möchte. Die Tugend der deutschen Frauen muß sehr fragil sein, daß sie fürchten, sie könne durch die bloße Begegnung mit einer armen, verirrten Person gleich Schaden leiden!" —

Ein andermal, als wir wieder auf dies Gespräch zurückkamen, und ich ihr erklärte, wie strenge man in meinem Vaterhause darauf sehe, mich auch den Schein einer Unvorsichtigkeit vermeiden zu lassen, warf sie flüchtig die Bemerkung hin: "man wird dahin kommen, Sie zu einer völligen Prüden zu machen, und das wäre nicht gut. Man thäte besser, Ihnen zu sagen, daß es Lagen giebt, in denen auch Frauen es nicht scheuen dürfen, den Anschein des Unrechts auf sich zu nehmen, wenn es einer großen Ueberzeugung oder einem großen Zwecke gilt. Der Ruf einer Frau ist etwas sehr Wichtiges und Beachtenswerthes, aber er ist nicht das letzte Kriterium für ihren Werth! Und bedenken Sie es, wie leicht Sie es haben, zwischen Vater und Mutter auf der ebenen Straße fortzugehen. Was wissen Sie, was wissen die andern Frauen,

welche sich hier von der armen Professorin so richterlich
abwenden, von den Wegen ihrer Vergangenheit? Aber
es ist der Protestantismus, der die deutschen Frauen
so unbarmherzig macht. Der Protestantismus kennt
die Vergebung der Sünde (die Absolution) nicht, und
hat kein Mitleid mit dem Sünder. Nur im Katholi-
zismus liegt die Liebe, liegt die vergebende Barm-
herzigkeit."

Das waren Alles neue Begriffe für mich. Nicht,
daß ich nicht ähnliche Aussprüche gelesen hatte; aber
die Wirkung eines in Thätigkeit gesetzten Grundsatzes
ist eine ganz andere, als die der geschriebenen Dok-
trin, und die Worte und die Handlungsweise jener
Polin wirkten um so lebhafter in mir fort, je mehr
ich gewohnt war, Alles was mir der Art entgegenkam
lange und still in mir zu verarbeiten. Ich bin weder
in der Jugend, noch in späterer Zeit im Stande gewesen, große fertige Systeme in mich aufzunehmen,
oder große, eigentliche Lehrbücher mit Vortheil zu benutzen, weil ich mir das Fremde immer selbst vollständig zum Eigenen machen mußte, ehe es irgend eine
Bedeutung für mich gewinnen, oder mir gar brauchbar werden konnte. Ich glaube auch, daß die selbst-
thätige Entwicklung eines einzigen Satzes dem Menschen,

der nicht mit außerordentlichen Gaben versehen und nicht förmlich für das studirende Erkennen fremder Theorien geschult ist, viel mehr Nutzen bringt, als das massenhafte Kennenlernen des von Fremden Gedachten. Mich haben systematische Lehrbücher über Theorien meist immer nur erschreckt und verwirrt, denn sie waren mir meist zu mächtig; aber das einzelne lebendige Wort oder der Anblick eines bestimmten Thun's brachten mir Nutzen und förderten mich.

Daß eine Frau wie diese Marschallin von R. ihr Vaterland liebte, daß sie die Unterdrückung desselben beklagte, verstand sich von selbst. Aber sie hatte natürlich mit mir nie ein Wort von der Möglichkeit seiner nahen Befreiung gesprochen, während ich doch wußte, welchen Antheil sie an den Revolutionen im Westen nahm. Nur als sie Königsberg verließ, und davon sprach, im nächsten Jahre wiederzukehren, — was nicht geschah — äußerte sie die Ansicht, daß es dann hoffentlich leichter sein werde, Pässe in das Ausland zu erhalten. Auf unsere Frage, worauf sich diese Erwartung gründe, versetzte sie: "auf alle die Umwälzungen, welche dies Jahr gebracht hat. Man ist sehr unglücklich bei uns, und das Unglück giebt Entschlossenheit und Muth."

Weiterhin gegen den Herbst brachten die polnischen Juden, die Hauptvermittler des Handels zwischen Polen und Preußen, so oft sie über die Grenze kamen, die Nachricht, daß es "unruhig" in Polen sei. Endlich, im Anfang des Dezember, kamen die ersten Nachrichten von der Revolution in Warschau nach Königsberg.

Das berührte uns nun freilich näher, als die Revolutionen im Westen, und an ungewöhnliche Ereignisse nicht eben gewöhnt, ging man im Fürchten und im Hoffen weiter, als die Wahrscheinlichkeit es zu thun berechtigte. Für den Kaufmannsstand, so fern ihn kein höheres Interesse beschäftigte, stand die Frage, welchen Einfluß die Revolution auf die Grenz- und Zollverhältnisse haben werde, in erstem Gliede, und das Bedürfniß so der kriegführenden Polen wie der Russen, machte es bald nothwendig, die Einfuhr nicht wie bisher zu kontrolliren. Ich erinnere mich nicht, ob von polnischer Seite die Grenze förmlich geöffnet wurde, oder ob man dort wie auf den russischen Stationen nur durch die Finger sah, aber der Handel in Königsberg wurde plötzlich so lebhaft, daß die Stadt im Winter so voll von polnischen Juden war, als es sonst nur im Sommer der Fall zu sein pflegte, und es war bei uns damals mit Allem und an Allem Geld zu verdienen.

Solch eine Gelegenheit wußte denn auch der Vater zu benutzen. Die Arbeit in den Weinlägern ging buchstäblich mitunter Tag und Nacht in einem Zuge fort. Die Nächte hindurch spülte man in unserm Hofe Fässer und Flaschen, und da es kalt war, mußten Nachts von uns Kaffee- und Biersuppen gekocht werden, die Arbeiter wach und frisch zu erhalten. Mein Vater war viel auf Reisen. Er fuhr nach Danzig und Stettin, um aus den dortigen Niederlagen seine Vorräthe zu vergrößern, er ging ein Paarmal nach den verschiedenen Grenzstationen, um die Beförderung der Waaren zu überwachen, und je weiter die Revolution in Polen sich ausbreitete, um so lebhafter wurde auch der Geschäftsverkehr in unsrer Stadt, ja selbst im Hause wurde von der Familie, gegen alle sonstige Gewohnheit, im Erwerb geholfen.

Mein Vater hatte nämlich von jeher den Wunsch gehabt, seinen Kindern irgend welche praktischen Fertigkeiten für den Erwerb anzueignen; und wie er mich, bald nachdem ich aus der Schule gekommen war, im Schneidern und in allen Arten von Stopfereien unterrichten lassen, so war immer davon die Rede gewesen, daß die Brüder ein Handwerk erlernen sollten. Man

hatte gedacht, sie zu einem Buchbinder oder Glaser zu
schicken. Indeß die Paar freien Stunden, welche den
beiden Gymnasiasten übrig blieben, würden zur Erler-
nung dieser Handwerke nicht ausgereicht haben, und
so hatte der Vater grade in dem vorhergehenden Früh-
jahre die Gelegenheit benutzt, sie durch einen Franzosen,
der zufällig durch Preußen gereist war, in der Destil-
lation von Liqueuren, von Eau de Cologne und von
Parfümerien unterrichten zu lassen, die auf kaltem
Wege fabrizirt wurden.

Es war dazu einer der Waarenräume, die sich
hinter unsern Wohnstuben in dem Hause befanden, ein-
gerichtet worden, und unter der Anleitung von Herrn
Jeannillon hatten die Brüder und die älteste meiner
Schwestern, die sehr gewandt und zu allen solchen
Beschäftigungen äußerst anstellig war, bereits früher in
den Abendstunden Branntwein entfuselt und mit Bein-
schwarz und ätherischen Oelen herumhandtiert, bis
die Fabrikate, die sehr gut ausfielen, zu Stande kamen.
Nach Jeannillon's Abreise war hie und da unter des
Vaters Leitung wieder einmal solch ein kleiner Posten
Liqueure gemacht worden, um die drei jungen Fabri-
kanten in Uebung zu erhalten, und unser Geschäfts-
reisender hatte sie, wenn er seine Tour durch die

Provinz machte, mit Vortheil abgesetzt. Jetzt, nach
dem Ausbruche der Revolution, da in Polen alles Ver-
kaufbare Gewinn versprach, wurde auch diese Fabri-
kation in weit größerem Maasstabe in Angriff genommen. Es war artig zu sehen, mit welchem Eifer
die beiden Primaner und die Schwester, wenn sie ihre
Studien und Unterrichtsstunden beendet hatten, in ihr
Laboratorium eilten, und dann schwarz wie die Kohlen-
brenner aber seelenfroh daraus hervorgingen, weil sie
dem Vater hatten nützlich sein können. Die Mutter,
ich und die Kinder, hatten nur das leichte Amt dabei,
die Etiketts zu schreiben und auf die Flaschen zu
kleben, und auf solche Weise wurde neben den großen
Geschäften meines Vaters noch ein ganz ansehnliches
Nebengeschäft gemacht, das hauptsächlich auf der Thätigkeit der drei Geschwister beruhte. Ein andermal,
gegen das Frühjahr hin, kaufte der Vater eine ganze
Ladung Apfelsinen, die bei uns im Hause umgepackt,
einzeln nachgesehen und frisch eingewickelt werden
mußten, und der Ertrag dieses Geschäftes wurde der
Mutter, die wie wir Alle dabei geholfen hatte, zur
Anschaffung eines seidenen Mantels überwiesen, da sie
seit den Jahren, in welchen der Vater seine Zahlungen
eingestellt, sich jeder Art von Luxus enthalten hatte.

Der Vater verfuhr in diesem Betrachte so konsequent,
daß, als mein ältester Onkel mir zum fünfzehnten
Geburtstage ein schwarzseidnes Kleid schenkte, es ein
Paar Jahre liegen bleiben mußte, weil der Vater
unserer Mutter keine seidenen Kleider geben konnte,
und es mir also nicht angestanden haben würde, mit
einem mir geschenkten seidenen Kleide Parade zu
machen. Später, als der Vater selbst uns Allen
wieder seidene Kleider und einen gewissen Toiletten-
Luxus gewähren durfte, haben die seidenen Kleider,
welche meine Verwandten mir hie und da zum Geburtstage schenkten, keine Hindernisse erfahren, und
mir, die den Putz liebte, großes Vergnügen gemacht.

Je weiter die Revolution in Polen um sich griff,
um so lebhafter wurden Handel und Gewerbe in Königsberg, und eben der vorhin erwähnte Mangel an Trans-
portmitteln gab bei uns im Haushalt oft zu komischen
Dingen Veranlassung. War der Vater um Fuhrwerk
in Verlegenheit, so sendete oder ging er auf den Markt,
um nachzuhören, ob Bauern von der preußischen
Grenze da wären, und diesen wurde dann, gleichviel
ob ihre Produkte für uns brauchbar waren, oder nicht,
ihre ganze Ladung in Bausch und Bogen abgekauft,
und sie selbst noch an demselben Tage mit einer Rück-

fracht von Weinen und andern Dingen nach den Grenz-
städten geschickt, in denen die Spediteure die Waaren
zur Weiterbeförderung in Empfang nahmen. Dadurch befanden wir uns je nach der Jahreszeit bald im Besitz
von so viel Zwiebeln, als wir in Jahr und Tag nicht
verbrauchen, von weit mehr Eiern, als wir irgend benutzen konnten, und einmal wurde unser Hühnerstall
ganz plötzlich mit nahezu achtzig Hühnern bevölkert,
die dann in aller Eile aufgegessen werden mußten, weil der
Stall so viel nicht halten konnte.

Zu dem, was man sonst ein gleichmäßiges ruhiges
Leben nannte, kamen wir in dem Jahre nicht. Es
gab immer neue Arbeiten, immer neue Störungen.
Aber wir sahen den Vater sehr heiter, weil seine Thätigkeit Gewinn brachte, und das machte auch die Mutter
froh, die sich dabei gern der „Kriegszeiten von achtzehnhundert zwölf und dreizehn" erinnerte, in denen das
Treiben noch ein ganz andres gewesen war. Dazwischen
kamen dann ab und zu mit der Aussicht auf größere
Sorgenfreiheit auch einzelne Annehmlichkeiten, die man
lange entbehrt hatte, und die man nun um so mehr
genoß. Es wurde an den Feiertagen wieder Wein auf
den Tisch gebracht, was bis dahin, obschon der Vater
Weinhändler war, nicht geschehen war. Nur die Eltern

tranken bei dem zweiten Frühstück ein Glas Wein,
im Uebrigen genoß der Vater, der persönlich ganz be=
dürfnißlos war, und weder rauchte, noch schnupfte,
noch Karten spielte, nur Wasser. Was aber noch
größeres Wohlbehagen als der Wein erregte, der ei=
gentlich nur als Symbol besserer Zeiten Werth für
uns hatte, das war die erste Spazierfahrt in einem
Miethswagen, den man vor die Thüre kommen ließ.

In meiner Kindheit war eine Spazierfahrt am
Sonntag eine feststehende Sache, und die sämmt=
lichen Kutscher des alten Fuhrherrn Stange unsere
guten Freunde gewesen. Mit dem Vermögensverluste
meines Vaters hatte das aufgehört, und es waren
neun Jahre vergangen, in denen das höchste Ver=
gnügen darin bestanden hatte, einmal mit einem Stell=
wagen vom Thore aus auf das nächste Dorf hinaus
zu fahren, wobei dann der Heimweg vom Thore in
die Stadt zurück mit den müden, schlaftrunkenen Kin=
dern, die man gelegentlich auch tragen mußte, sehr
beschwerlich war. Nun kam eines Abends der Vater
im Sommer von ein und dreißig nach der Arbeit aus
dem Comptoir herauf. Man hätte gern noch Luft ge=
schöpft, aber zu einem Spaziergang war er zu müde,

und plötzlich sagte er: wir wollen eine Stunde fahren, ich werde einen Wagen holen lassen.

Die Freude, welche mir diese Worte machten, ist mir noch gegenwärtig. Es war wie eine Erlösung und wie eine Verheißung, es war etwas Feierliches für mich, und obschon weiter kein Wort darüber ge= sprochen wurde, haben gewiß alle die Meinen es ebenso empfunden. Neben der Wonne, daß der Vater sich dies Vergnügen wieder gönne, daß die Mutter, der frische Luft so nöthig war, und die keine Kraft zu weiten Wegen hatte, nun wieder fahren könne, neben dieser verständigen Freude hatte ich auch eine kindische Genugthuung unsern Nachbarn gegenüber, als ich dachte, daß nun auch bei uns wieder ein schöner gelber Wagen vorfahren würde. Ich meinte, sie müßten es dem Hausknecht ansehen, daß er fortginge, einen Halbwagen zu bestellen, und als der Wagen nun wirklich vorfuhr, als wir Alle ruhig im Zimmer warteten, bis die Eltern fertig waren, damit man uns die freudige Ungeduld nicht so anmerke, und als wir dann nun wirklich durch die Lang= gasse fuhren, der Vater und die Mutter im Fond, ich, die Schwester und der eine Bruder auf dem Rücksitz, der andere Bruder bei dem Kutscher auf dem Bock, überall die Bekannten grüßend, und in der That

über unsern ungewohnten Luxus von ihnen angestaunt,
da — ja da waren wir, glaube ich, Alle ebenso
glücklich als ich.

Solch ein Hinblick auf die Nachbarschaft, solch
eine Werthschätzung eines kleinen Ereignisses, mag
Manchem kleinlich scheinen, aber das Leben setzt sich
eben nur aus kleinen Ereignissen zusammen, und wem
die volle Empfindung für das Kleine fehlt, der wird
überhaupt keinen großen Gewinn und Genuß von
seinem Leben haben. Man braucht nicht in das
Kleinliche zu verfallen, weil man sich des Kleinen
und seiner einstigen Bedeutung für uns erinnert,
und bei der Beurtheilung solcher Empfindungen muß
man es nothwendig in Anschlag bringen, wie verschieden in großen und in kleinen Städten der Zusam-
menhang der Menschen ist. In einer großen Stadt
hat man in der Regel keine Nachbarn, selbst nicht
an den Personen, mit denen man denselben Flur be-
wohnt. In Königsberg waren die Einwohner unserer
ganzen Straße unsere Nachbarn, und unsere Nachbarn
waren mehr oder weniger die Welt für uns, wenngleich
dasjenige, was fern von uns in der großen weiten
Welt geschah, uns darum nicht weniger berührte.
Man kann sich der ungestörten Verlorenheit in einer

großen Stadt zu Zeiten sehr erfreuen, und kann zu
andern Zeiten sich doch daran erinnern, wie anders
es war, als man von seiner Straße noch sagen konnte:
das ist meine Welt!

An dem Kriege und an dem Schicksale der Polen
nahm man in Preußen großen Antheil, obschon die sogenannte preußische Neutralität den Russen vielfach
Vorschub leistete. Das hielt uns jedoch gar nicht ab,
Charpie für die Polen zu zupfen und ihren Siegen
mit Begeisterung zu folgen, ihre späteren Niederlagen
zu betrauern. Die Bilder von Chlopicki, Lelewel,
Dwernicki, Skrzynecki, und vor Allen das Bild der
heldenhaften Gräfin Cäcilie Plater waren in Aller
Händen, überall hörte man die polnischen Lieder und
Märsche singen und spielen, und wie sehr auch später
ein Theil unserer preußischen Landsleute sich mit ihrem
Antheil von dem Schicksal, d. h. von der Befreiung
Polens abwendete: damals wünschte die bei weitem
größte Mehrzahl ihnen ganz entschieden den Sieg. Man
freute sich an dem Gedanken, die russische Thrannei
nicht mehr zum Gränznachbar zu haben, man erzählte
es sich mit Vergnügen, wie der verhaßte und gefürchtete
Großfürst Constantin inmitten seiner russischen Soldaten
eigentlich dem unbesonnenen Wagniß einiger jungen

Patrioten erlegen sei; und obschon die älteren und er-
fahrenern Personen unserer Bekanntschaft bald bedenklich auf die Uneinigkeit blickten, die sich in den Unter-
nehmungen der Polen zeigte, und das Wort von der
Zerfahrenheit der polnischen Reichstage als böses Omen
bald zu hören war, so erregten doch die Heldenthaten
der Einzelnen und der Muth der Truppen im Allgemeinen eine große Bewunderung selbst bei Denen, die
an dem Gelingen des Unternehmens zweifelten.

In der Mitte des Sommers, als der Stern der
Polen schon tief im Sinken war, mich dünkt, es muß
Ende Juni oder Anfangs Juli gewesen sein, brach in
Königsberg zum ersten Male die Cholera aus, und
zwar in einem der Häuser am Deh'schen Garten, der
einst der Tummelplatz unserer Kinderspiele gewesen war.
Man hatte dem Heranrücken der Plage seit Jahr und
Tag mit wachsendem Schrecken entgegengesehen. Städte
im fernsten Rußland, an die man sonst nie gedacht,
hatten für uns eine Bedeutung bekommen, je nachdem
die Cholera sie berührt oder übersprungen hatte, und
das Entsetzen vor der Krankheit war noch durch die
drohende Absperrung gesteigert worden. Die Bilder
der Aerzte, die, in Wachstuch gekleidet, mit Essigflakons
vor den Nasen, an das Bett der Kranken treten sollten,

die schwarzen Schilder an den Häusern, in denen sich
Kranke befanden, der Gedanke, daß man die Kranken
und die Todten der Sorgfalt der Familien entreißen,
und die Gestorbenen in allgemeine, mit Kalk angefüllte
Gruben werfen werde, hatte etwas Grauenhaftes, und
man würde davon noch stärker ergriffen worden sein,
hätte die Theilnahme an dem Kriege den Gemüthern
nicht zeitweise eine andere Richtung gegeben.

Etwa ein halbes Jahr, ehe die Cholera nach Königsberg kam, waren mehrere junge preußische Aerzte nach
Rußland und nach Polen gegangen, theils um die
Cholera kennen zu lernen, theils um in den Lazarethen
Hilfe zu leisten. Unter ihnen hatte sich Johann Jacoby
befunden, der damals erst fünfundzwanzig Jahre alt
war. Kurz vor seiner Abreise hatte ich ihn noch in
einer Gesellschaft gesehen, und es hatte uns Mädchen
überrascht, daß Jemand so fröhlich tanzen und so sorg-
los heiter sein könne, der einer so ernsten Zeit und
einer so ernsten Aufgabe entgegenging. Ich selbst
kannte ihn damals nicht näher, unsere Freundschaft
stammt erst aus einer viel späteren Zeit, ja ich glaubte
in jenen Tagen, daß er ein Vorurtheil gegen mich habe,
und mich für oberflächig halte. Das wäre freilich kein
Wunder gewesen, denn ich hegte und pflegte damals

noch als etwas Gutes allerlei Arten von Thorheiten
in mir, die er wohl in ihrem rechten Lichte sehen mochte;
und wie er mich meist scharf und kurz anredete, so
machte ich mir das Vergnügen, ihm in ähnlicher Weise
zu entgegnen. Ich war daher immer der Meinung,
daß wir einander abstießen und gut thäten, uns zu
meiden. Die ruhige Ueberlegenheit, die diesen Mann
von früher Jugend an kennzeichnete und ihn über alle seine
Altersgenossen hinaushob, forderte eine Achtung ab,
die ich nicht geneigt war, einem so jungen Manne zu
gewähren, weil die Mehrzahl meiner jungen männlichen
Bekannten sie mir nicht einzuflößen wußte.

Sobald die Cholera in Preußen auftrat, kehrte
Jacoby aus Polen zurück, und seinen Berichten verdankte
man es hauptsächlich, daß der treffliche und aufgeklärte
Ober-Präsident der Ostseeprovinz, Herr von Schön, sich
gegen die Absperrungstheorie erklärte, und Königsberg so=
wohl nach Außen, als in dem Inneren der Stadt vor dieser
Widerwärtigkeit bewahrt blieb. Dennoch waren der
Schrecken und die Verwirrung unter den Menschen
außerordentlich groß, und da die Cholera in den ersten
Tagen eben nur Personen aus den arbeitenden Ständen
ergriffen hatte, welche in dem Bereich des Deh'schen
Gartens und der Holzwiesen am Pregel wohnten, so

waren denn, wie in vielen anderen Fällen, auch hier
das Mißtrauen und die Thorheit schnell bereit gewesen,
an eine Vergiftung der armen Leute zu glauben.

Es war am hellen Mittag, als sich die Nachricht
verbreitete, daß ein Volkshaufe sich vor der Wohnung
des Polizeipräsidenten Schmidt auf dem Altstädtischen
Markte versammelt habe, und dort nicht zu bewilligende
Forderungen stelle. Die Einen erzählten, das Volk
wolle die Kranken nicht in die Choleraspitäler schaffen
lassen, Andere sagten, man wolle gegen die Aerzte
Etwas unternehmen. Dann wieder hieß es: man verlange
von den Reichen bessere Nahrungsmittel für die Armen
und nachdem der Vater selbst nach dem Markte hin=
gegangen war, sich zu überzeugen, was dort geschehe
und was man dort begehre, kam er mit der Ansicht
zurück, daß von einer bestimmten Forderung gar keine
Rede sei, sondern daß Angst und Schrecken die Men=
schen in eine Aufregung versetzt hätten, die sich eben
in dem Tumulte Luft mache, und durch einzelne Per=
sonen unter den Arbeitern, die von den Revolutionen
des letzten Jahres wußten, zu einem schwachen Seiten=
stück derselben gesteigert werde.

Dennoch blieb es, eben weil weder die Ruhigen,
noch die Aufgeregten in der Stadt an solche Vorfälle

gewöhnt waren, ganz unberechenbar, wie weit die Sache gehen, wie weit die Unruhe sich ausdehnen könne, denn je grundloser eine Aufregung ist, um so mehr ist sie durch jeden Zufall der Steigerung in das Maaßlose ausgesetzt. Man hatte im Polizeigebäude die Fenster eingeschlagen, Möbel und Geschirre auf die Straße geworfen, Betten zerrissen und die Federn zerstreut, und als man damit fertig, war die aufgeregte Masse nach dem Kneiphof aufgebrochen, um ihr Heil vor dem Rathhause zu versuchen, in welchem der Magistrat seine Versammlungen hat.

Mein Vater war, als er nach Hause kam, schnell entschieden was er zu thun hatte. Er ließ seine Weinkeller und Lager schließen und schickte sein ganzes Personal, die Commis und die Arbeiter, zu uns in das Haus. „Die laufen und spektakeln wenigstens nicht mit!" sagte er zu uns, während er ihnen ernst und wichtig den Auftrag ertheilte, über seine Frau und seine Töchter und über das Haus zu wachen. Von dem Balkon vor der Thüre wurden die eisenbeschlagenen Stangen abgenommen, welche die Markisen trugen, da sie füglich als Waffen dienen konnten, die Laden zu ebener Erde wurden zugemacht, die Dienstboten erhielten die Weisung, mit den Kindern die Hinterstuben

nicht zu verlassen. Und nachdem der Vater also die
Männer, über die er zu bestimmen hatte, für den Moment unschädlich gemacht, ging er mit den beiden Brüdern, die damals noch Primaner waren, nach dem
Magistrate, wo eine Anzahl von Bürgern sich versammelt hatte, um zu versuchen, wie man die Menschen
beruhigen könne.

Kaum war er fort, so hörten wir die Avantgarde
jedes Straßenereignisses in Königsberg, die Schuster-
jungen, lärmend durch die Straßen laufen. Hie und
da klirrten zerbrochene Scheiben, und von einer Gallerie
im Innern des Hauses, die allerdings von einem Stein-
wurf wohl getroffen werden konnte, sahen wir, wie ein
Haufe von Arbeitern, Sackträgern und Weibern an
unserm Hause vorüber in die Brodbänkengasse einbog,
und vor dem Magistrate Posto faßte. Aus den Fenstern meiner Stube konnten wir, als der Haufe davon-
gezogen war, die Bewegung vor dem Rathhause sehen
und hören, aber es währte etwa nur eine halbe Stunde,
als es dort lichter und ruhiger wurde. Einzelne Gruppen,
unter ihnen manch Einer mit Blut bedeckt, fingen an
zurückzukommen, man sah sie lebhaft gestikuliren und
die Fäuste drohend erheben, indeß das eigentliche Ge-
witter war trotz diesem Grollen des Donners vorüber.

Die Polizeibeamten und die sogenannten Stadtsoldaten, ein kleines Invalidencorps, wurden vor dem Rathhause wieder sichtbar, die Bürger, die sich auf das Rathhaus begeben hatten, fingen an, mit weißen Taschentüchern, als Erkennungszeichen um den Arm gebunden, durch die Straßen zu gehen, und es währte nicht lange, bis der Vater mit den Brüdern nach Hause kam, uns zu sagen, daß wir ruhig sein könnten und daß anscheinend keine Gefahr mehr vorhanden sei. Dennoch organisirte sich eine Art von Bürgerwehr, in die der Vater und die Brüder eintraten, und die ein paar Tage hindurch Tag und Nacht in den Straßen patrouillirte, wobei höchst originelle Physiognomien und Gestalten zum Vorschein kamen, deren Komik dadurch noch gesteigert wurde, daß man die Leute kannte, und also wußte, wie weit diese Art der Tagesarbeit und der nächtlichen Heerschau von ihren Neigungen und von ihren Gewohnheiten entfernt lag.

So endete dieser erste Crawall, dem ich zugesehen habe, und er hatte, da er keinen Zweck gehabt, auch Nichts ausrichten können, als daß die Geister nach einer anderen Seite hin beschäftigt worden waren, und daß man sich inzwischen darin gefunden hatte, die Cholera in seinen Mauern zu haben, und die Menschen plötzlich

als ihre Opfer hinsterben zu sehen. Nach anderthalb
Tagen wurden die Markisenstangen wieder auf dem
Wolme festgebunden, die Menschen kehrten zu ihren
Geschäften zurück, und nur Einer von des Vaters
Arbeitern, ein rühriger, heftiger einäugiger Mann,
wurde entlassen, weil er während des Crawalls trotz
des Vaters Befehl auf die Straße gegangen war. Er
hatte es lockender gefunden, einige Fenster einzuwerfen,
als "seine Madame und die Fräuleins" zu beschützen,
und ihm allein war der Gedanke gekommen, daß mein
Vater eigentlich gar kein Recht hatte, seine Untergebenen
in ihrem freiem Willen zu beschränken und in ihren
Crawallvergnügungen zu stören. Leute aber, die seinen
Befehlen gegenüber andere persönliche Rechte zu haben
glaubten, als die, welche sein Wille ihnen zugestand,
konnte der Vater nicht gebrauchen; ja ich möchte behaupten, es sei ihm nie der Gedanke gekommen, daß
Jemand, der als sein Untergebener in seinem Lohn und
Brod stehe, mehr verlangen könne, als der reiflich über-
legten, wohlmeinenden Anordnung des "Herrn" pünktlich Folge zu leisten.

In unsrer Lebensweise brachte die Cholera keine
wesentliche Aenderungen hervor, weil der Vater jeder
übertriebenen Besorgniß mit Ruhe entgegentrat, und

selbst unsere Mutter die Erinnerung bewahrt hatte, daß die Zeit des Typhus und der Lazarethfieber während der Kriegsjahre mehr Opfer gefordert hatten, als die jetzt herrschende Epidemie. Die Schulen waren freilich geschlossen, und für die jüngeren Schwestern wurde deshalb gleich ein Privatunterricht hergestellt, um sie nicht müßig gehen zu lassen. Es blieb auch in dem plötzlichen Hinsterben der Menschen, es blieb in dem dumpfen Rasseln des sogenannten Cholera-Wagens, der Abends die Leichen zu dem neuerrichteten Cholerakirchhof in die Kalkgruben fuhr, noch Quälendes genug für die Phantasie übrig; aber unser Haus und unsere Familie blieben von der Seuche ganz verschont, und ich glaube, ich war diejenige im Hause, die sich mit ihren hypochondrischen Grillen am meisten das Leben erschwerte, wennschon man nach der Hausordnung solche Selbstquälereien nicht allzu laut werden lassen durfte. In solchen Dingen aber ist das Schweigenmüssen ein großer Gewinn, denn bei allen körperlichen Leiden pflegt das Klagen die Empfindung der Beschwerde zu steigern, ganz abgesehen davon, daß es die Stimmung der Andern verdirbt. Uns z. B. über die Hitze des Sommers, über die Kälte im Winter zu beklagen, war Etwas, was der Vater uns von jeher verboten hatte. Denkt Euch einmal,

welch eine verdummende Unterhaltung entstehen müßte,
pflegte er zu sagen, wenn sich in einem Hausstand von
achtzehn Personen jeder Einzelne über unabänderliche
Thatsachen auslassen und beschweren wollte! Im
Sommer ist es heiß, im Herbste naß, im Winter kalt!
Das fühlt Jeder, das erleiden Alle, wozu also die un=
nütze Meldung und das unnütze Gerede?

Bald nach dem Ausbruch der Cholera überraschte
der Vater uns eines Tages mit der Nachricht, daß er
bei der Regierung darum eingekommen sei, den Namen
Markus ablegen und dafür den Namen Lewald führen
zu dürfen, den die Brüder meines Vaters schon zwanzig
Jahre früher angenommen hatten. Ob der Vater
diese Maßregel grade in diesem Zeitpunkte vorbereitet
hatte, um die Thatsache festgestellt zu haben, wenn das
Unglück ihn uns während der Seuche entreißen sollte,
ob er den Augenblick gewählt, weil er denken konnte,
daß ein solcher Entschluß weniger Aufsehen machen
würde, während man durch äußere Ereignisse so vielfach
beschäftigt war, ist gleichgültig. Genug, seine Absicht
wurde uns eben so bestimmt und plötzlich mitgetheilt,
als früher den Brüdern ihre bevorstehende Taufe;
aber die letztere war der Mutter eine Freude gewesen, und
die Kunde von dem Namenswechsel erregte in ihr eine

große Betrübniß. Sie fiel dem Vater weinend um
den Hals, sie bat ihn, nicht darauf zu bestehen, sie
wären nun zwanzig Jahre unter diesem Namen glücklich mit einander gewesen, und es sei ihr, als ob man
ihr ein Stück ihres Lebens entreiße, wenn man ihr
diesen Namen nehmen wolle.

Solche aus dem Gemüthe stammende Einwendungen
schonte der Vater liebevoll, ohne daß sie natürlich in
seinem Entschlusse Etwas änderten. Sein Herz war
sehr warm, aber sein Verstand bewahrte ihn vor aller
Weichheit der Empfindung, so lange er sich in seiner
vollen Kraft befand, und erst später, als er krank
wurde, zeigte sich jene Schwäche in ihm, die man so
oft fälschlich als „Gemüth" bezeichnet. Er tröstete die
Mutter freundlich mit Gründen der Vernunft. Er hielt
ihr vor, wie inconsequent es von ihr wäre, die sich so
viel möglich vom Judenthume loszusagen wünsche, wenn
sie nicht mit Freuden einen jüdischen Namen ablege.
Er fragte sie scherzend, ob sie ihn denn nicht geheirathet
haben würde, wenn er vor zwanzig Jahren Lewald ge-
heißen; und als er bemerkte, daß sich auch bei den
Kindern, namentlich bei den Brüdern, ein Mißfallen
gegen den Namenswechsel fühlbar machte, sagte er
ernsthaft: die Hauptsache ist, ich halte diesen Schritt

für angemessen, ja für nothwendig. Ihr beiden Jungen
werdet im Laufe dieses und des kommenden Jahres
die Universität beziehen. Was soll Euch da der jüdische
Name? Was soll er Euch im Leben? Ganz abgesehen
davon, daß Ihr als Namensfremde unter Eurer Familie leben würdet, wenn Ihr jemals mit meinen aus-
wärtigen Brüdern und deren Kindern zusammen kämet.
Macht Euch also keine Gedanken darüber, ich weiß,
was ich thue, und Ihr werdet es allmälig begreifen
lernen und es mir danken.

Am folgenden Tage wurde die Anzeige dieses Namens-
wechsels in den Zeitungen bekannt gemacht. Als dann
gegen den Herbst hin das Gymnasium und die Schule,
welche meine Geschwister besuchten, beim allmäligen
Nachlassen der Choleraepidemie wieder eröffnet wurden,
geschah in Bezug auf unseren neuen Namen eine Anzeige bei ihren Directoren, und gleich am ersten Tage
hielt der Vater uns an, den Namen Lewald mit unsern
Vornamen so lange wieder und wieder zusammen zu
schreiben, bis wir ihn leicht und fließend in die Hand
bekamen. Er und die Brüder behielten den Namen
Markus als einen der Vornamen bei, wir Töchter
legten ihn ganz ab, und da ich mich durch eine lange
Zeit an den Gedanken gewöhnt hatte, meinen Familien-

namen gegen den von Leopold zu vertauschen, so hatte
ich eben keine schmerzliche Empfindung davon, daß ich
ihn nun aus einem anderen Grunde ablegen sollte.

Woher der Name Lewald aber in unsere Familie
gekommen ist, oder wie der eine Großonkel, der sich
dreißig, vierzig Jahre früher mit einer christlichen Hand=
werkerstochter verheirathet und ihn zuerst angenommen
hatte, darauf gefallen war, ihn zu wählen, habe ich
nie erfahren. Er kam sonst in Preußen in den bürger=
lichen Familien nicht vor. Die adelige Familie, die
ihn führte, schrieb sich Lehwaldt, und so scheint unser
Name in seiner jetzigen Schreibweise eine Erfindung
jenes Onkels gewesen zu sein. Er hat für uns aber
das höchst Angenehme damit erreicht, uns einen Namen
vorzubereiten, der uns wenig Namensvettern gab und
der uns also das leistete, was ein Name leisten soll —
ein positives Kennzeichen zu sein.

Einundzwanzigstes Kapitel.

Am achten October achtzehnhunderteinunddreißig ging die geschlagene Hauptarmee der polnischen Revolution über die preußische Grenze. Die polnische Erhebung war abermals mißglückt, die russische Herrschaft hatte den Sieg davon getragen. Einige Wochen später kamen ganze Schaaren von polnischen Offizieren nach Königsberg, und es wurden in allen Dörfern der Umgegend polnische Soldaten und Offiziere einquartiert.

Der Handel, der während eines Jahres mit großem Gewinn gelohnt hatte, gerieth durch die strenge Grenzsperre wieder in das Stocken, aber es hatten eine Menge von Menschen in demselben Vermögen gewonnen, und da man einerseits das Erworbene genießen und sich von dem Drucke und von der Beschränkung erholen wollte, unter denen man sich während der Dauer der Cholera befunden hatte, andererseits auch den polnischen Emigranten den Antheil bezeigen wollte, den man an ihnen nahm, so wurde der Winter ein ungemein geselliger,

und der Bälle und Tanzgesellschaften, der Schlitten=
partien und sonstigen Lustbarkeiten gab es in Fülle.

Die Polen, welche nach Königsberg gekommen waren,
hatten zum größten Theile dem Gielgud'schen Corps
angehört, und es gab eine große Anzahl unter ihnen,
die recht dazu gemacht waren, den Frauen zu gefallen.
Die Einen waren jung, schwungvoll, und von der Be=
geisterung für ihre Sache so sehr durchglüht, daß die
Hoffnung einer neuen baldigen und glücklicheren Er=
hebung sie über das Unglück des Augenblickes forthob.
Andere, und es waren die Ernsteren und Bedeutendern
unter ihnen, trugen schwer an dem Schmerze um das
Vaterland, und mit wie guter Art sie sich auch den
Zuvorkommenheiten der Gesellschaft hingaben, so konnte
man ihnen doch anfühlen, daß ihre Seele nicht dabei
war. Im Allgemeinen sprachen sie gut französisch,
hatten leichte und gefällige Manieren, eine im Worte
stets bereite Galanterie, und außer dem ihnen Allen
gemeinsamen Vorzuge, unvergleichlich gute Tänzer zu
sein, hatten Viele noch hübsche musikalische Talente.
Rechnet man dazu ihre kleidsamen Uniformen, die sie
freilich bald ablegen mußten, und den Nimbus, welchen
der eben überstandene Kampf und das Unglück ihres
Vaterlandes um sie verbreiteten, so wird man es na=

türlich finden, daß sie den Frauen und Mädchen anziehend waren, und daß sie sich über Mangel an Gast-
freundschaft nicht zu beklagen hatten, — eine Gastfreund-
schaft, die sie übrigens in jedem Betrachte zu ehren
und zu respectiren wußten.

In unser Haus waren keine Polen eingeführt worden,
aber ich traf hie und da einige Offiziere in befreundeten
Häusern, und namentlich in dem Schlosse zu Holstein,
dessen Besitzer ein Jugendfreund unserer Eltern war.

Dieses Holstein, am Ausflusse des Pregels in das
frische Haff, eine Meile von Königsberg gelegen, ist
ein von Friedrich dem Ersten erbautes Königliches
Jagdschloß, das schöne Garten- und Parkanlagen hat,
und das der Hof besuchte, wenn er in der Kaporn'-
schen Heide jagte, in welcher allein das Elenthier sich
noch in Preußen erhalten hat. Später war das Schloß
mit seinen Ländereien in den Besitz eines Herzogs von
Holstein Gottorp, dann in die Hände des bekannten
Herrn von Trenk, endlich an einen Banquier überge-
gangen, von dem es an die uns befreundete Familie
des Amtmann Magnus kam, der es Anfangs nur als
Pächter inne hatte.

Am Sonnabend, wenn die uns gleichaltrigen Söhne
und Töchter des Amtmanns aus der Stadt nach

Hause geholt wurden, mit hinauszufahren und bis
zum Sonntag Abend draußen zu verweilen, oder ein=
mal eine Ferienwoche in Holstein zuzubringen, war
uns immer ein Vergnügen gewesen. Seit der älteste
Sohn des Amtmanns die Universität bezogen, und
die Töchter wie ich herangewachsen waren, hatten wir
in Holstein an den Sonntagen außer der Freude, auf
dem Lande zu sein, auch noch immer ein Paar andere
Bekannte der Kinder, und damit eine Gelegenheit zu
Spiel und Tanz gefunden, die nun durch die Anwesen=
heit der polnischen Offiziere noch belebter wurden. Sie
waren theils in Holstein selbst, theils in der Umgegend
einquartiert, und gehörten bald zu den feststehenden
Sonntagsgästen des Hauses.

Konnten wir in dem Winter Sonnabends nicht
mitgenommen werden, so schickte der Amtmann Sonn=
tags bisweilen einen verdeckten Schlitten, die Eltern
und uns zu holen, und es war dann eine doppelte
Lust, auf der Eisfläche des gefrorenen Pregels, zwischen
allen den andern Spazierenfahrenden in klingendem Froste,
in Pelzen wohlverwahrt dahinzugleiten, und Nachts
nach vier=, fünfstündigem Tanzen, im funkelnden Ster=
nenlichte nach Hause zu fahren, wobei man, weil dann
auch des Amtmann's Kinder zur Stadt befördert werden

mußten, in zwei Schlitten untergebracht, und wir Jüngern in den einen derselben zusammengepackt wurden, was die heitere Laune nur erhöhte, so daß wir singend und lachend die Stadt zu erreichen pflegten.

Und ich lachte immer mit, denn ich war jung und leicht angeregt, bis mir dann plötzlich mitten in Spiel und Tanz der Gedanke kam: Leopold liegt in der Erde und Du tanzest!

Dann flog mir ein eisiges Grauen vor mir selbst durch die Glieder. Ich sah ihn todt, entstellt! — es kam mir unnatürlich vor, daß ich lebte, daß ich Stunden hatte, in denen ich froh sein und vergessen konnte, und weil die ganze Wucht des Schmerzes, die ganze Größe meines Verlustes mich grade immer dann befiel, wenn mich die Heiterkeit der Andern mit fortgerissen hatte, so fing ich an, mich vor dem Frohsein, ja vor mir selbst zu fürchten. Und doch hätte ich keine Möglichkeit gehabt, mich der Gesellschaft zu entziehen, denn der Vater würde mir nicht gestattet haben, sie zu meiden, hätte ich dies Verlangen ausgesprochen.

Tausendmal habe ich in jenen Tagen gedacht: wie glücklich wärst Du, wenn Leopold Dir öffentlich verlobt gewesen wäre; wenn Du sagen könntest, daß Du um ihn trauerst, daß Du unglücklich bist! — Dann aber kam mir wieder eine Scheu davor, es die Leute wissen zu lassen, daß ich mich unglücklich fühlte. Ich mochte nicht gefragt, ich mochte nicht beklagt sein, und wenn ich eben erst gewünscht hatte, Trauer und Leid tragen zu dürfen, sagte ich mir im nächsten Augenblicke: "welch ein Glück, daß sie Nichts von Dir wissen! welch ein Glück, daß Du für Dich allein lebst!"

Dazu aber gesellte sich eine thörichte Gering-schätzung der Menschen, weil sie sich von meinem äußern Frohsinn täuschen ließen. Ich hatte eine Genugthuung daran, hell zu lachen, wenn jenes Entsetzen über Leo-pold's Tod sich meiner bemächtigte, und wenn ich dann gewahrte, daß meine Heiterkeit die Andern an-steckte, daß man mich amüsant und geistreich und witzig nannte, so genoß ich einen Triumph, der mir das Herz zerriß.

"So wenig von meinem eigentlichen Wesen gebe ich Ihnen," sagte ich einmal zu einem jungen Manne, der mir viel Aufmerksamkeit bewies, "und das genügt Ihnen! Sie müssen nicht verwöhnt sein, oder — nicht viel werth!" — Er nahm das für einen Scherz, wie es die Meisten thaten, wenn ich es so machte, weil die Unart gar zu groß war, weil ihnen solcher Unart gegenüber auch nicht viel Andres übrig blieb, und weil

ich sie meist mit großer Heiterkeit aussprach. Sie
ließen sich den unverzeihlichen Uebermuth als Koketterie
gefallen, und dieser verzeihen die Männer selbst das
Ungehörige, weil sie in ihr das ihnen schmeichelnde
Bestreben der Frauen sehen, um jeden Preis die Aufmerksamkeit des Mannes zu erregen, und ihn durch ungewöhnliche Anreize an sich zu fesseln.] Auch hielten viele
Leute mich für kokett, und doch dachte ich in jenen
Zeiten an Nichts weniger als an die Eroberung irgend
eines Mannes.

Aus reiner Traurigkeit, aus dem Bedürfniß sie zu
verbergen, aus dem Zwiespalt zwischen meiner Empfindung und zwischen der Lebensweise, in der ich mich
bewegte, war ich in den Ton der Koketterie hineinge-
kommen; und während ich selbst sie unedel, ja niedrig
fand, hatte ich mich an ein Betragen gewöhnt, das
mir nothwendig den Anschein dieses Fehlers geben
mußte. Ich hatte von meinem Gebahren indessen
keinen andern Genuß, als denjenigen, welchen ein ge-
schickter Spieler am Kartenspiel empfindet. Es zerstreute mich. Ich wurde mir gewisser Fähigkeiten dabei bewußt, und ich glaubte eine Ueberlegenheit über
Andere zu beweisen. Hätte mir in jenen Tagen eine
lebenserfahrene, herzenskundige Frau zur Seite ge-

standen, die mich zu leiten gewußt, es wäre mir manche schmerzliche Stunde, es wären mir manche Irrthümer zu ersparen gewesen, von denen ich durch mich selbst zurückzukommen viel Zeit gebrauchte. Aber meine Mutter sah, daß man mich suchte, daß ich gefiel, daß mich dies zerstreute, sie ließ mich also gewähren, und für einen Zustand, wie der meine es damals war, reicht das Auge eines Vaters nicht aus. Ein ernster, fremder Mann hätte mir zu Hilfe kommen, mich in das Gleichgewicht setzen können; vor dem Vater zogen sich meine Fehler in achtungsvoller Scheu zurück, und sein Zutrauen zu dem Ernste meiner Natur war so unbedingt, daß er mich des Komödiespielens, dem ich mich ergeben hatte, nicht für fähig gehalten haben würde. So lebte ich eine ganze Weile fort, und nur einmal kam von außen her eine Warnung an mich heran.

Unter den polnischen Offizieren, welche ich in Holstein hatte kennen lernen, war ein Oberlieutenant, ein Mann von etwa dreißig Jahren, der uns Allen ein angenehmer Gesellschafter, und der auch in unserm Hause vorgestellt worden war. Er sprach das Franzöfische sehr gut, spielte hübsch Guitarre, sang angenehm, tanzte vortrefflich, und ließ sich zu dem Allen, obschon er ernst und oft sehr trübe gestimmt war, stets bereitwillig finden, wie Einer, den es freut, die Pflicht der Dankbarkeit abtragen zu können. Er hatte eine Braut im russischen Litthauen zurückgelassen, und war trotz der dringenden Abmahnungen seiner Freunde, einmal verkleidet über die Grenze zurückgegangen, um sie zu sehen und ihr Lebewohl zu sagen. Wir Alle waren ihm mehr oder weniger gleichgültig, und selbst die Oberflächigsten von uns trugen allmählich eine Scheu, ihn zum Singen oder Spielen aufzufordern, weil wir fühlten, daß er ein Opfer damit bringe. Mit mir hatte er, wie mit den Andern, gesprochen und getanzt, und sich, wie mir schien, um mich nicht mehr gekümmert, als eben nöthig und höflich war.

Da befanden wir uns eines Abends in unserm Hause in Gesellschaft. Ich hatte oben in meinem Zimmer viel geweint, und die gute, treue Mathilde, deren einfachem und natürlichem Charakter meine damalige Ueberreizung ebenso räthselhaft als unheimlich blieb, hatte getröstet und beruhigt, so gut sie irgend konnte, hatte mir die oft gethane Frage vorgelegt: wer zwingt Dich denn froh zu scheinen, wenn Du es nicht bist? — Aber das half mir nicht. Sie kannte das falsche Ehrgefühl, den falschen Stolz nicht, die es mir

unerträglich machten, unglücklich oder auch nur traurig
zu scheinen, und kaum hatte ich meine rothgeweinten
Augen getrocknet und gekühlt, kaum waren die Gäste
unten im Wohnzimmer bei uns eingetreten, so tanzte
ich wieder auf dem Seil des Frohsinns, und gerieth,
um nicht herabzufallen, in die übertriebensten Sprünge,
in absprechende Behauptungen, in unvernünftige Para=
doxien, und in ein Scherzen und Lachen, die mir
wehe thaten. Der Oberlieutenant sah das mit Ver=
wunderung an, ich mochte es vielleicht lange nicht so
arg getrieben haben. Mit einemmale, als wir in der
Nähe des Fensters und zufällig allein nebeneinander
standen, sagte er: Mit einem ernsten Charakter wie der
Ihre, muß man sehr unglücklich sein, um sich in einer
solchen Heiterkeit zu gefallen! —

Ich war überrascht, wußte Nichts zu sagen, und
wurde still. Es fiel auch nie wieder zwischen uns ein
ähnliches Wort, denn wir sahen einander nicht eben
häufig. Aber zum erstenmale trat der Zweifel an mich
heran, ob man mir denn die Heiterkeit auch glaube?
zum erstenmale dachte ich daran, daß es gut und selbst
bequem sein würde, könnte ich von dem Wege um=
kehren, auf dem ich mich verirrt hatte. Indeß ich
wußte es nicht zu machen, und die Besorgniß, jene Lüge,

in die ich mich hineingelebt hatte, von Allen erkannt zu sehen, hielt mich in derselben fest.

Nach Außen hatte ich in diesem Winter an Freiheit sehr gewonnen. Der Kreis meiner Bekannten hatte sich ausgedehnt, ich war öfter als sonst in Gesellschaft, und der Vater legte mir darin jetzt keine Beschränkung mehr auf, als die Rückkehr zu einer festgesetzten Stunde. Ich war, wohin ich auch ging, fast überall allein. Die Kränklichkeit der Mutter hielt sie im Winter oft lange an das Haus und an das Zimmer gebannt, die Eltern hatten auch mit den Eltern meiner Freundinnen keinen Verkehr, und ich gewöhnte mich also, mich selbstständig zu halten und zu behaupten. Kam ich dann nach Hause, so schlief die Mutter, die sich früh zur Ruhe legen mußte, schon lange; aber der Vater saß, und er hatte das von jeher so gehalten, völlig angezogen und lesend da, ließ sich von mir erzählen, was ich erlebt hatte, nahm dem mich begleitenden Hausknecht den Schlüssel des Hauses ab, und diese liebevolle Aufsicht setzte er regelmäßig fort, bis ich im Laufe des Winters nach dem Studentenexamen meines Bruders, durch dessen Eintritt in die Gesellschaft, einen Begleiter und einen Gefährten gewann.

Es war aber, als wollten die Eltern mich selbst
gern zerstreuen, als wollten sie mir jede Freude gönnen,
die mir zu gestatten und zu gewähren in ihrer Macht
stand; denn auch die Erlaubniß, an den Aufführungen
zu einem Polterabende mitzuwirken, wurde mir jetzt
gewährt, so entschieden derlei mir früher versagt geblieben war. An diesen Polterabend knüpft sich die
Erinnerung meines ersten dichterischen Erfolges, der
freilich von meinem Auftreten als Schriftstellerin volle
zehn Jahre entfernt liegt.

Die älteste Enkelin des alten Bankier Oppenheim
verheirathete sich mit einem Philologen, und die Freunde
und Geschwister des Paares hatten es auf einen großen
Polterabend abgesehen. Die Schwestern der Braut forderten mich auf, daran Theil zu nehmen, ich hatte eine
große Zuneigung zu derselben, denn sie war mir im
Stillen ein Vorbild, so wenig Anstalt ich auch damals
machte, ihr ähnlich zu werden, und ich trug großes Verlangen, ihr an dem Polterabend irgend Etwas zu lieb zu
thun, — nur daß ich wußte, dergleichen dürfe ich nicht von
den Eltern fordern. Indeß die eine Schwester der
Braut, die mich liebte und mich durchaus bei dem
Feste betheiligt haben wollte, bat in ihrer unbefangenen
Weise meine Eltern, mich mitwirken zu lassen, und zu

meinem größten Erstaunen erhielt ich ohne Weiteres
ihre Zustimmung.

Nun ging es an ein Berathen und Ueberlegen! Alle
Bibliotheken und Buchladen wurden in Anspruch genommen, aber obschon wir ganze Stöße von Büchern
um uns aufstapelten, waren die darin enthaltenen sogenannten Polterabendscherze so trivial und zum Theil
so roh, daß sie uns anwiderten, und wir sie nicht
brauchen konnten. Es setzten sich also die dichterischen
Talente unter unsern Bekannten in Bewegung. Indeß
die Einen schafften eben nur, was sie selber brauchten,
die Andern warfen Himmel und Erde durcheinander,
ohne viel damit zu erreichen, und nachdem ich vom
Lesen und Suchen endlich müde und unlustig geworden
war, kam ich eines Tages ganz plötzlich auf den Gedanken, mir selber Etwas zu machen.

Ich hatte damals noch Unterricht im Zeichnen,
war grade mit einer Copie des Amor und der Psyche
nach Gerard beschäftigt, die ich der Braut zu schenken
dachte, und wollte, um diese Zeichnung gut anbringen
zu können, als irgend ein Genius erscheinen, der dem
Brautpaare das Bild der Liebe zum täglichen Gefährten
in das Haus bringen sollte. Daß die Mythe von Amor
und Psyche eben kein gutes Bild, oder kein gutes

Omen für die eheliche Liebe und Treue verbot, focht mich dabei nicht an. Ich hatte nur die rosa Tricot-strümpfe, die silbergeschnürten Sandalen, das weiße Gazekleid, die großen weißen Flügel und den Kranz von Rosen und Lillen im Sinne, den ich aufsetzen wollte, und was mir etwa von mythologischen Zweifeln kommen konnte, das erstickte der Gedanke an die schönen Verse, die ich zu machen beabsichtigte.

Wenn die Menschen aber sehen, daß man selbst für sich zu sorgen anfängt, so finden sie es gleich in der Ordnung, daß man auch für Andre sorge. Das wird ein Jeder in den kleinsten, wie in den größten Verhältnissen an sich erfahren, und kaum hatte ich daher erklärt, daß ich mir selbst ein Gedicht zu Polterabend machen würde, so wünschte die jüngste Schwester der Braut, daß ich auch noch eine zweite Scene, für sie und mich zusammen, erfinden sollte. Weil ich nun in der Scene für mich sehr in die Erhabenheit zu gerathen vor-hatte, so beschloß ich meine zweite Dichtung ganz aus dem gewöhnlichen Leben zu nehmen, und ein alter Volksgebrauch sollte mir dazu den Stoff bieten.

Es hatte sich damals noch aus frühern Zeiten in Königsberg, wo fast alle Lebensmittel von den Ver-käufern in den Straßen ausgerufen und in die Häuser

zum Kauf getragen werden, die alte Sitte erhalten,
daß die Fischfrauen zu Fastnacht in einzelnen Paaren,
mit einem buntgeschmückten großen Netz in die Häuser
ihrer Kunden gehen, und dort im Flur tanzend, und
einige bestimmte Verse absingend, ein Trinkgeld erhalten.
Die Verse wurden plattdeutsch gesungen, was damals
noch im Volke und auch in den Häusern von den
Dienstboten gesprochen wurde, und was also Jeder-
mann konnte, oder doch wenigstens kannte. Die Fischfrauen trugen dazu ihre besten Röcke und Jacken,
große breite Schürzen, und den damaligen Hauptputz
der Frauen aus dem Volke, das hochaufgethürmte
bunt- oder schwarzseidene Kopftuch, das um so mehr
geschätzt wurde, je vielfarbiger und greller die einge-
wirkte Borte war.

Ein solches Costüm ließ sich für uns aus den
Vorräthen unserer älteren Dienstboten, — die jüngern
hatten bereits die kleinen weißen Hauben angenommen, —
leicht zusammenbringen; sie waren es auch, die uns
das Plattdeutsche geläufiger einexercirten, und am be-
treffenden Tage traten wir denn als Fischfrauen in
den Saal. Große Kunst hatte ich für meine Erfindung nicht nöthig gehabt. Das eigentliche Volkslied
lautete:

Loop an be Linge (Leinen)
De Fischle's de springe,
De Fischergeselle singe,
De Fischerwiwer springe.
Wi' winsche dem Herrn
Enen goldenen Disch,
Up alle veer Ecke
Gebratene Fisch.
Wi' winsche de Fru
Eenen jungen Sohn, —

und so ging das weiter fort, für alle Hausgenossen,
die Köchin nicht zu vergessen, der hie und da auch
Böses nachgesagt wurde, wie denn gelegentlich auch
einmal eine Derbheit vorkommen konnte.

Ganz ähnliche Volkslieder mit Wünschen für das
Haus singen, beiläufig bemerkt, auch die Landmädchen
in dem polonisirten Theile von Westpreußen, wenn
sie den Erndtekranz in das Haus bringen. Nur findet
sich unter diesen Mädchen fast immer Eines oder das
Andere, das die Verse zu variiren und der Gelegenheit
anzupassen weiß, und es ist dort Sitte, mitten unter den
guten Wünschen dem Hausherrn und der Hausfrau auch
neckend ihre Fehler vorzuhalten, was mit einer gewissen
Ehrlichkeit geschieht. Als ich aber später einmal auf dem
Gute unseres Freundes Julius von Hennig, in Plon=
chott, einem solchen Erndtefeste beiwohnte, hatte dessen

Frau kurz vorher die Mutter verloren, und trug noch ihre
Trauerkleider, als sie den Erndtekranz in Empfang nahm,
und dafür das erste Brod vom frischen Korn den
Arbeitern vertheilte, welche geholfen hatten, die Frucht
der Erde abzugewinnen. Da erlebten wir von der
Herzensfeinheit des Volkes den schönen Zug, das die
Vorsängerin, nachdem sie dem Herrn seine Schwächen
vorgehalten, sich zur Frau wendend die Worte sang: „die
Frau wollen wir nicht schelten, denn die trägt schwarze
Kleider, und hat ein schweres Herz!" — Natürlich
sangen sie polnisch, und was ich davon weiß, verdanke
ich Denen, die es mir übersetzten.

Ich hatte also, wie solch eine bäuerische Vor=
sängerin, mir die Paar Verse zwischen dem Volks=
refrain zurechtgemacht, wir hatten schön bekränzte, von
Flittergold strahlende Köscher, faßten einander, wie
das der Brauch der Fischfrauen ist, bei dem Tanze
so unter die Arme, daß wir mit den Köpfen nach ver=
schiedenen Seiten sahen, sangen und schwenkten uns
dabei nach Kräften, und erregten große Heiterkeit und
Freude.

Dann kam ich nachher mit meinen pathetischen
Versen, und mit meiner Kreidekopie von Amor und
Psyche, die für einen Genius etwas schwer zu tragen

war, weil ich der Ordnung und des Anstandes wegen,
sie in Glas und Rahmen hatte bringen lassen. Und
war es das Siegesbewußtsein, das ich selbst über die
Schönheit der Zeichnung und die Vortrefflichkeit des
Gedichtes hatte, war es die Jugend, die immer gefällt:
ich erndtete einen großen Beifall, fand lebhafte Bewunderung für meine Verse, und von dem Tage ab stand
es unter meinen jüngern weiblichen Bekannten eigentlich
felsenfest, daß ich eine Dichterin sei. Ich selbst glaubte
das nicht so unbedingt, aber ich hatte doch das größte
Vergnügen von dem Abende und von meinem Erfolge.
Ich fand mich sehr schön in meinem Geniuskostüm, ich
hatte mich selbst mit meiner gefühlvollen Poesie sehr gerührt, und da Alle Andern mich auch lobten, gab ich mich
doch heimlich der schmeichelhaften Hoffnung hin, Etwas
nicht Gewöhnliches geleistet zu haben. Ich besitze von
diesen Gedichten jetzt nicht mehr ein Blatt. Ich habe sie
vor langen Jahren verbrannt, weil das Aufbewahren un-
nützer Papiere etwas so Thörichtes und Unpraktisches ist.
Ich habe aber immer, auch als ich reifer war, nur schlechte
Verse, und mit Ausnahme von Gelegenheitsgedichten
für meinen Gebrauch nur wenig Verse gemacht. Außer
ein Paar kleinen Gedichten, die ich auf einer Reise
geschrieben hatte, und die mein Vetter August Lewald

einmal in der Europa abbrucken ließ, ist keine meiner gereimten poetischen Probuktionen den Leuten gebruckt unter die Augen gekommen, und als ich dann zehn Jahre später einsehen lernte, daß ich Prosa schreiben könne, habe ich die Poesie vollends in Ruhe gelassen.

Zweiundzwanzigstes Kapitel.

Ich habe es von Dichtern oftmals in ihren Werken darstellen sehen, wie die Menschen nach außen hin, durch lange Jahre ein Leben der Freude und des Genusses führen und in ihrem Herzen doch fortdauernd in tiefe Traurigkeit versenkt bleiben. Indeß weder an mir selbst, noch an Andern habe ich im Leben diese Möglichkeit bestätigt gefunden. Unsere Beschäftigung, unsere äußern Eindrücke gehen in uns über, wie die Luft, die wir athmen, wie die Kost, die wir genießen. Sie stimmen und gestalten uns um, und wir verändern uns, ohne daß wir es gewahr werden, bis wir plötzlich, durch irgend einen äußern Zufall aufmerksam gemacht, die Wandlung mit einem gewissen Erschrecken bemerken. Denn es liegt in der Natur des Menschen, daß er sich lieb gewinnt in seinen verschiedenen Entwickelungsstufen, daß er sich fast in jeder auf der ihm eigentlich zusagendsten Stelle zu befinden glaubt, und daß er sich nicht gleich zurecht finden kann, wenn er bemerkt, daß er sich auf derselben nicht mehr recht behauptet, daß er durch sich selbst gezwungen ist, eine neue Stufe zu betreten. Und je jünger und je entwickelungsfähiger wir sind, um so schneller gehen diese Wandlungen in uns vor sich.

Als Leopold starb, hatte ich eigentlich gar keinen Wunsch, gar keinen bestimmten Plan gehabt. Ich half nach wie vor im Haushalt, pflegte die Mutter, wenn sie leidend war, übte täglich Clavier, nahm wöchentlich ein Paar Zeichenstunden, unterrichtete die Schwester im Clavierspiel, aber es war, als gehe mich das Alles gar Nichts an. Früher hatte ich gern an meiner eigenen Ausbildung gearbeitet, und daran ein Selbstgenügen gefunden; dann hatte ich um Leopold's willen Etwas sein und werden wollen, und die Freude an der Selbstbefriedigung verloren, seit ich das größere Ziel im Auge gehabt, einen geliebten Mann zufrieden= zustellen. Nun lebte ich eine Zeitlang so hin, und all mein Thun und Treiben machte mir keine Freude mehr.

Die Jugend aber, wenn sie mit einem Zustande fertig ist, glaubt leicht mit Allem fertig zu sein, und wie sie sich meist über den Umfang ihres Wissens und ihrer Einsicht täuscht, so täuscht sie sich auch über

die Kraft ihrer Neigungen und über ihre Beständig=
keit.] Ich hatte Leopold, so sehr ich konnte, geliebt,
und gewähnt, nie eine andere Liebe fühlen zu können,
als die für ihn, und ich hatte das ehrlich und fest
geglaubt; ich hatte mich sogar, wie ich meinte, auch
darin gefunden, keine Hoffnung und ein freudloses
Leben vor mir zu haben. Ein Vorfall, den ich mir
noch heute nicht zu erklären weiß, und der zu den
wenigen geheimnißvollen Erfahrungen meines Lebens
gehört, hatte mich in diesen Gedanken bestärkt, weil
er mir, die nicht an die Unsterblichkeit der Seele glaubte,
dennoch die Vorstellung eines Zusammenhanges gab, der
zwischen mir und Leopold noch über das Grab hinaus
bestehe.

Ich hatte nämlich das Datum von seinem Todes=
tage entweder nicht erfahren, oder mit einem andern
Tage vertauscht, und die Stunde, in welcher er ge=
storben war, ebenso nicht gewußt. Natürlich aber
hatte ich, als nach Jahresfrist der Monat seines
Todes wiederkehrte, mehr noch als gewöhnlich an ihn
gedacht. Ich war unwohl, niedergeschlagen, und legte
mich eines Abends müde und traurig zu Bett. Mit
einemmale wache ich mitten in der Nacht auf, weil
ich mich, für mein Ohr ganz unwiderleglich, laut und

deutlich von Leopold rufen höre. Ich springe auf,
sehe mich um, die Nachtlampe brennt ruhig, es ist
Alles still. Aber ich hatte die Gewißheit, in diesem
Augenblicke ist es ein Jahr, daß er gestorben ist. Ich
blieb wach, draußen schlug bald darauf die Thurmuhr
die Stunde. Und als ich dann später nachfragte, erhielt ich die Bestätigung, daß mich wirklich die Todes-
stunde des Geschiedenen erweckt hatte. All mein
jetziges Denken widerspricht der Möglichkeit einer per-
sönlichen Fortdauer nach dem Tode, widerspricht der
Möglichkeit eines Vorganges, wie ich ihn damals erlebt zu haben glaubte. Nichtsdestoweniger ist aber
die Erinnerung an jene Nacht mir noch heute so
gegenwärtig, und der Eindruck davon in mir so lebhaft, daß er sich mir oftmals, und auch im Augenblick
dieser Rückschau, unwillkürlich darbietet.

Die bewegten Zeiten, welche dem Tode Leopold's
gefolgt waren, die mancherlei Zerstreuungen, welche
meine Eltern mir jetzt gestatteten, eine freiere und
ausgebreitetere Lektüre hatten mir eine Menge neuer
Ideen geboten, und während ich mich selbst oft auf
dem Gedanken betraf, daß es für mich ein großes
Glück, ja das Allerbeste sein würde, früh zu sterben,
sagte ich mir, ohne dabei eine Ahnung von Selbst-

betrug zu haben, daß es schön sei, in den Raum eines kurzen Lebens so viel geistigen Gehalt als möglich aufzunehmen. [Ob es allen Menschen so geht, das weiß ich nicht,] ich habe aber in meiner Jugend stets im besten Glauben gehandelt, wenn ich mich selbst betrog; und während ich, durch mancherlei Nervenleiden in meinen Todesahnungen bestärkt, mich über die Kürze meines Lebens zu trösten und es gut auszufüllen strebte, bereitete ich mich eben dadurch für ein neues Weiterleben vor, und tröstete ich mich über das erfahrene Leid.

Eine äußere Gewohnheit kam mir dabei zu Hilfe. Mein Vater hatte uns angehalten, auf die Frage, wie es uns gehe, wenn dies irgend thunlich war, „sehr gut" zu erwidern, um nicht durch eine klägliche Antwort eine bemitleidende Entgegnung, und ein nichtsnützendes Hin- und Her von Jämmerlichkeiten hervorzurufen. [Wir sind aber, mehr als wir uns eingestehen, unter dem Banne unserer eigenen Aussage von uns selbst, und da aus diesem Grunde die Leute mich für getröstet hielten, da man von allen Seiten mit mir wie mit jedem andern Mädchen von der Zukunft sprach, so lernte ich es allmählich wieder, den Blick auf eine solche zu richten.

Während ich noch glaubte, mich den Zerstreuungen aus Gleichgültigkeit oder aus Gefälligkeit für Andere, oder weil ich eben nicht anders könne, hinzugeben, hatte ich unmerklich selbst wieder Lust und Theilnahme daran gewonnen. Während ich dachte, wie schrecklich es sei, daß bald gar Nichts von mir übrig bleiben und ich der Vernichtung rettungslos anheimfallen würde, hatte zwar noch kein einzelner Mann wieder irgend eine Bedeutung für mich erhalten, aber die Gesellschaft und die Männer in ihr, und mein Erfolg bei ihnen, waren mir wieder wichtig geworden. Und weil ich glaubte, nie wieder einem stillen Glück begegnen zu können, wie das, welches ich an Leopold's Seite zu finden gehofft, fingen meine Wünsche an, sich auf die belebten Kreise der großen Welt zu richten, und die Schilderungen der großen weltberühmten Salons, die Schilderungen der berühmten Frauen, um welche sie sich gebildet, beschäftigten meine Phantasie, und regten meinen Ehrgeiz auf, während meine Vernunft mir un= ablässig vorhielt, daß solche Wünsche für mich thöricht, daß ein Leben außerhalb der beschränkten Verhältnisse, in denen ich geboren war, für mich nicht möglich sei.

Dazu hatte ich mich grade in jener Zeit, besser als früher, in die Art und Weise meiner Mutter

schicken lernen. In Folge unausgesetzter Uebung waren
alle häuslichen Verrichtungen mir geläufig geworden,
und da man an jedem Dinge, das man recht zu
machen versteht, allmählich selbst Freude gewinnt, so
war das Hauswesen mir lieb und die Zufriedenheit
der Eltern mir ein Lohn geworden, auf den ich stolz
war. Ich hatte mich nun auch bereits gewöhnt, der
kränkelnden Mutter mancherlei Unannehmlichkeiten,
manchen Schreck, manche Beunruhigung zu ersparen,
sie in vielen Dingen zu vertreten, ohne sie wie früher
dadurch zu verletzen. Weil es mir aber schwer wurde,
mir diese Art der Selbstverläugnung, des schweigenden
Thuns, anzueignen, so lohnte mir auch das Gefühl
der Selbstüberwindung, und das Heranwachsen meiner
Geschwister gab daneben meinem Leben neue Anhalt-
punkte und erhöhten Reiz.

Mein ältester Bruder, der Anfangs Theologie
studiren wollte, weil der Verkehr mit Leopold ihm
eine Neigung dazu eingeflößt, hatte auf den Rath und
Wunsch meines Vaters davon abgestanden, und sich
in die juristische Fakultät einschreiben lassen. Mein
zweiter Bruder, dessen Sinn auf Abentheuer stand,
sprach davon, zur See zu gehen, sobald er sein Stu-
bentenexamen, welches der Vater ihm nicht erlassen

wollte, beendet haben würde. Aber das Ungewisse
und Gefährliche dieses Lebensweges, das ihn reizte,
schreckte die Eltern davon zurück, und es waren dann
allein die Ueberredung und der Einfluß meiner Mutter
welche ihn bestimmten, seinen Wunsch aufzugeben und
Mediziner zu werden. Die Möglichkeit, als solcher
sich überall einen Wirkungskreis bereiten, und als
Arzt doch nach freiem Belieben die Welt sehen zu
können, söhnte ihn mit der Wahl dieses Berufes aus,
der ihm dann später lieb wurde, und in dessen Aus=
übung er in Tiflis seinen frühen Tod fand, als er
von Grusien zurückkehrte, wohin er gegangen war, um
die epidemischen Wechselfieber zu beobachten.

Das Studentenleben der Brüder, ihr Verkehr mit
ihren Genossen, brachten viel Abwechslung in das
Haus. Wie der Vater uns Töchter unter strenger
Zucht hielt, so gewährte er den Söhnen, nun sie in das
Leben traten, viel Freiheit. Er versorgte sie nach
seinen Mitteln reichlich mit Geld, er kontrollirte sie
wenig, und hatte ihnen gesagt: Ihr werdet voraus=
sichtlich, wie alle jungen Leute Thorheiten machen und
dadurch in Verlegenheit gerathen. Befindet Ihr Euch
in einer solchen, so wendet Euch nie an einen Fremden,
sondern an mich. Ich habe sicherlich mehr guten

Willen, Euch zu helfen, als jeder Andere! — Und dies
Uebereinkommen ist, weil wir die Worttreue meines
Vaters Alle kannten, von den Söhnen wie von dem
Vater auch gehalten worden.

Was die Brüder an studentenhaftem Treiben mit-
zumachen wünschten, die bunten Trachten, die Commerse
und Gelage, es wurde ihnen frei gestattet. Mein Vater
räumte den Brüdern, die ohnehin zwei Stuben im
Hause bewohnten, eine Zeitlang sogar ein großes drittes
Zimmer, das wir nicht benutzten und das leerstand, als
Fechtboden für sie und ihr Kränzchen ein, weil — es
sie am Hause und an der Familie unmerklich festhielt;
und diese Vergünstigung, die sehr viel Unruhe und
Laufen in das Haus brachte, wurde ihnen erst entzogen,
als sie es sich einmal beikommen ließen, ein Duell in
unserem Hause auszufechten.

Das Leben der Studenten war damals aber in
Königsberg noch auffallend genug. Obschon die Stadt
gegen sechzigtausend Einwohner hatte, einen großen und
wohlhabenden Kaufmannsstand, alle großen Beamten-
kollegien der Provinz, das Oberlandesgericht, das Tri-
bunal, die Regierung und ein großes Militärkommando
in sich schloß, zählte doch das Häuflein der Studenten,
wenngleich ihrer selten über fünfhundert auf der Uni-

versität beisammen waren, als etwas Bedeutendes mit.
Man ließ ihnen Freiheiten, wie es sonst nur in den
kleinen Städten zu geschehen pflegte, welche von den
Studenten leben; und weil viele angesehene Königsberger Familien ihre Söhne unter ihnen hatten, blieb
man mit ihrem Thun und Treiben in einem Zusammenhange.

Ich habe einen Abriß des Verhältnisses der Königsberger Studenten zu den Familien im Anfange meines
Romanes „Wandlungen" zu geben versucht, und ich
glaube, daß meine Schilderung für die eine Seite des
dortigen Studentenlebens ein treues Bild ist. Die andere Seite war aber unbeschreiblich roh, und das Be-
nehmen mancher Landsmannschaften und mancher jungen
Männer so gegen alle Sitte, daß es mir jetzt unbegreiflich
scheint, wie dadurch nicht ein Vorurtheil gegen die Studenten im Allgemeinen hervorgerufen wurde.

Einzelne Figuren waren förmlich ein Schrecken der
Bürger, und ich erinnere mich deutlich eines großen,
sehr wüsten Theologen aus Masuren, der ein paar
Jahre ehe meine Brüder die Universität bezogen, in
Königsberg sein Wesen trieb. Ueberall gewahrte man
seine große, ungeschlachte Gestalt, seinen schmutzigen,
weißen Flausrock, überall wußte man von seiner Roh-

heit, gegen welche Karzer und andere Strafen sich un-
wirksam bewiesen, überall tadelte man ihn, und schließlich lachte man über seine Streiche.

Einmal war in einer angesehenen Kaufmannsfamilie,
in welcher verschiedene Studenten Zutritt hatten, ein
Ball. Einen so wüsten Gesellen sah man aber natürlich in dem Hause nicht, und er war also auch zu dem
Balle nicht eingeladen. Dennoch erklärte und wettete
er am Morgen, daß er Abends den Ball besuchen
werde, und zwar so wie er da stehe und gehe, im
Flausrock, Lederhose und Kanonenstiefeln. Am Abende,
als die Gesellschaft sich versammelte, standen seine Freunde
vor der Thür, um zu sehen, ob ihr Commilitone sich ein-
stellen werde. Indeß man tanzte oben bereits, ohne
daß er gekommen war, und eben wollten die wartenden
Studenten sich entfernen, als Jener in der Straße erschien, sich vor dem Hause hinstellte und mit starkem
Schwunge seine kurze Tabakspfeife durch das Mittel-
fenster des Saales in denselben hineinwarf. Dann
ging er raschen Schrittes in das Haus und in den
Saal, in welchem der Schreck den Tanz unterbrochen
hatte, sagte, als man, ihm entgegentretend, nach seinem
Begehren fragte: er komme, seine Pfeife zu holen, die
ihm in das Fenster geflogen sei, und entfernte sich, ehe

die Dienerschaft beisammen war, ihn fortzubringen. —
Ein andermal wettete er, daß er ein schönes, junges
Mädchen, die Tochter des ersten Geistlichen an der re-
formirten Kirche, am hellen Mittage über den Kirchplatz nach ihres Vaters Wohnung tragen würde, und
auch dieses Vorhaben führte er aus, freilich nicht, ohne
das Eine wie das Andere im Karzer zu verbüßen.

Aehnliche Uebertreibungen kamen, wennschon in ge-
ringerem Maaße, auch noch zu den Zeiten vor, in denen
meine Brüder Studenten waren; aber den Studenten
verzieh man, was man keinem andern Stande verziehen
haben würde, und zog damit zum Theil jenen anmaßen-
den Kastengeist der Junker und der Beamten groß, der
später in den Parteikämpfen unseres Vaterlandes grade
aus den Reihen der Studirten die heftigsten und
rücksichtslosesten Gegner der Freiheit und der Gleichheit
vor dem Gesetze geliefert hat.

Mein Vater, der einen sehr stark ausgeprägten
Bürgersinn besaß, verabscheute dieses Treiben entschieden,
und konnte, wenn er einmal die Studenten halbbetrunken
von ihren Gelagen und Comitaten heimkehren sah, oder
wenn die in unserer Nachbarschaft wohnenden Studenten,
auf den Fensterbrettern des zweiten Stockes sitzend,
ihre Beine auf die Straße hinaushängen ließen und

Bier trinkend ihre Lieder sangen, wohl spottend die Bemerkung machen: das sind unsere künftigen Herren Prediger und Minister! — Dennoch ließ er die Brüder gewähren, so weit sie gehen wollten.

Der <u>Aelteste</u> war Student mit Leib und Seele, aber er blieb seiner Natur nach doch immer in den Schranken des Wohlanständigen, und mußte, als der <u>zweite Bruder</u> ein Jahr später die Universität bezog, bald für ihn eine vermittelnde und ausgleichende Rolle übernehmen, weil dieser in dem Ungestüm seiner Kraft sich außer dem Hause und in dem studentischen Leben für die Zucht und den Zwang zu entschädigen suchte, den das Familienleben Jedem auferlegt. Phantastisch und zu Uebertreibungen geneigt, ließ er sich einen feuerroth karrirten Rock machen, wo die Andern sich mit irgend welchen farbigen Abzeichen begnügten. In Hembdeärmeln durch die Straßen zu gehen, wenn es warm war, sah er als das Natürlichste an. Galt es eine Wette, so fanden wir ihn eines Sonntages auf dem belebtesten Spaziergang der Stadt, ebenfalls in Hembdeärmeln, auf einem Eckstein sitzen und die vorübergehenden Bekannten ernsthaft um ein Almosen ansprechend. Daneben gab es Händel mit Thorschreibern, Nachtwächtern und Polizeisoldaten, oder eine Prozession, in der er als Leidtragender voranging, während man ein paar todte Katzen zur Anatomie hintrug, und dazwischen Berichte die uns ängstigten, wenn er bei einem Commers aus dem Fenster eines oberen Geschosses gesprungen war, um sich, heiß und weinglühend, in dem Teiche vor dem Hause abzukühlen.

Der Vater wußte, sah, erfuhr das Alles und ließ es geschehen, aber er hatte es gern, wenn dergleichen Dinge in einer Weise mitgetheilt wurden, die sein Einschreiten nicht nöthig machte. Denn da der Tollkopf trotz seiner Wildheit die Collegia fleißig und pünktlich besuchte, so mochte der Vater die Absicht haben, diesem Sohne durch die ihm gestattete Freiheit die Scheu zu nehmen, welche die strenge und falsche Behandlung seines Charakters in der ersten Kindheit ihm vor dem Vater eingeflößt hatte. Indeß die ersten Eindrücke, welche wir empfangen, sind weit maßgebender als man glaubt. So wurde auch mein zweiter Bruder niemals frei dem Vater gegenüber, niemals selbstherrlich in sich selbst. Er that, wozu seine Laune, sein Temperament, sein ganzes Naturell ihn trieben, aber er that es immer mit einem inneren Widerstreben, er bereute es immer. Er übte das Verkehrteste meist mit dem geheimen Gefühle aus, es zu thun, um

seine Freiheit damit kund zu geben und zu wahren, mit
der geheimen Sorge, dafür zur Rechenschaft gezogen zu
werden. Er glich darin einer großen Masse von Menschen, die ihre Thorheiten gleichsam Andern zu Liebe, das
heißt im Hinblick auf den Tadel der Andern begehen,
dem Trotz zu bieten ihrer inneren Unfreiheit als Helden-
that erscheint. Wirklich freie Menschen habe ich immer
auch maßvoll und besonnen, rücksichtsvoll für das Wohl
und schonend für das Empfinden ihrer Umgebung gefunden.

Aber nicht allein das Zusammenleben mit meinen
Brüdern, auch die Entwickelung meiner Schwestern
wurde eine neue Quelle der Freude und des Interesses
für mich, und je bestimmter die Eigenartigkeit einer
Jeden sich von früh an aussprach, um so mehr trugen
sie dazu bei, das Dasein im Hause vielgestaltig zu
machen und zu beleben. Nun erst, da man der
größten Mühe um ihre körperliche Wartung enthoben
war, nun, da selbst die Jüngsten schon kleine Menschen
mit bestimmten Gaben und Wünschen waren, nun fing
auch für uns ältere Geschwister die Freude an den
Kleinen an. Es erzieht aber den Menschen Nichts so
sehr, als das Erziehen Anderer, es fördert Nichts so
sehr seine Einsicht, als das enge Zusammensein mit

Kindern. Die Gelassenheit und Schonung, die man
mit ihrem Fortschreiten und für ihre Eigenheiten haben
muß, sind eine gute Vorübung für jene Geduld, ohne
welche man im Leben Nichts leisten und Vieles zer-
stören würde, wie andererseits die einfache Güte der
jüngeren Geschwister uns oft beschämte und von großer
Wirksamkeit auf uns Erwachsene war. Ich gedenke
dabei eines speciellen Falles. Mein jüngerer Bruder
hatte einmal in einem Anfall von unbegründeter übler
Laune unsere kleine, etwa sechsjährige Schwester ge-
scholten und ihr, was streng verboten war, einen Schlag
gegeben, so daß sie weinend in die Kinderstube gegangen
war. Dem Bruder hatte das gleich leid gethan, aber
er hatte es doch so hängen lassen. Ein paar Stunden
später, als das Kind ihn im Flur des Hauses erblickte,
lief es auf ihn zu, umarmte ihn und sagte: sei nicht
böse, daß ich Dich heute so geärgert habe!

Solche Züge der Güte und Liebenswürdigkeit waren
dann nicht verloren, und es bildeten sich in der Familie
zwischen den einzelnen Geschwistern besondere Sympa-
thien aus, die alle zusammengehalten wurden durch das
starke Band der Liebe zu den Eltern, und durch das
Streben, ihnen im Allgemeinen Ehre, im Einzelnen so
viel Freude als möglich zu machen.

So abgezogen von mir selbst durch Thätigkeit und
Liebe für die Meinen, gesellig vielfach angeregt, allmählig an einen verhältnißmäßig weiten Verkehr mit
Menschen gewöhnt, hatte ich mein einundzwanzigstes
Jahr vollendet. Unsere Vermögenslage hatte sich ge-
bessert, ohne daß mein Vater darum sorgenfrei oder
die Nothwendigkeit strenger häuslicher Oekonomie für
uns geringer geworden wäre. Des Vaters Geschäfte
hatten sich in einem Grade ausgedehnt, der ein großes
Betriebskapital erforderte. Dieses fehlte ihm, und sei
es, daß er es nicht für gerathen hielt, mit fremdem,
erborgtem Kapital zu arbeiten, oder daß er sich ein
fremdes Kapital in dem Belange, wie er dessen bedurfte,
nicht zu schaffen vermochte, genug, er befand sich durch
viele Jahre in einem Mißverhältniß zwischen der Größe
seiner Mittel und der Ausdehnung seines Geschäftes. Obgleich sein Erwerb recht groß war, obgleich er mit den
zunehmenden Jahren auch die sich steigernden Bedürfnisse
seiner Familie freigebig zu befriedigen und noch ein ge-
wisses Vermögen dabei anzusammeln vermochte, wußten
wir den Vater doch, ohne daß er sich darüber aussprach,
häufig in Geldverlegenheiten, erhielten wir doch fortdauernd die Mahnung, uns einzuschränken, um dem
Vater so wenig Sorge als möglich aufzubürden.

Um so überraschender war es also für mich, als wenig Tage nach meinem einundzwanzigsten Geburtstage mein Vater mich in das Zimmer rief, in dem er sich mit der Mutter befand, und mir die Frage vorlegte: was würdest Du davon denken, wenn ich Dich heute über vierzehn Tage mit mir nähme?

Es war nämlich schon seit dem Winter eine Reise meines Vaters behufs seiner Weineinkäufe am Rhein und am Neckar im Werke gewesen, und diese war in den letzten Wochen auf die Mitte des Aprilmonates festgesetzt worden.

Es war die erste so entfernte Reise, welche mein Vater unternahm, und damals waren die westlichen Grenzen Deutschlands von Königsberg für die Vorstellung weit entfernter, als jetzt. Ich selbst hatte nie eine andere Stadt als Königsberg gesehen, und ihren Umkreis nur überschritten, um hie und da einen Besuch bei Bekannten im Seebade Kranz, fünf Meilen von der Stadt, zu machen. Denn als die Eltern mit den Brüdern und der mir nächsten Schwester etwa ein Jahr vorher einmal einen Ausflug gemacht, um Frauenburg und seinen Dom, um Elbing und Marienburg mit seinem unvergleichlichen Schlosse zu sehen, war ich als die Aelteste zu Hause geblieben, um den Haushalt und die kleinen Geschwister zu besorgen. Aber schon damals hatte der Vater auf das Bedauern der Mutter, mich zurücklassen zu müssen, tröstend gesagt: sei ruhig, liebe Mutter! Fanny soll einmal noch mehr von der Welt zu sehen bekommen, als Ihr jetzt!

Indeß das Wort war keine Zusage gewesen, und so oft ich auch, am Fenster sitzend, ~~mir~~ bei winterlichen Sonnenuntergängen den röthlich schimmernden Schnee der Dächer betrachtet und mir das Alpenglühen auf den Gletschern vorgestellt, so oft ich mir Mignon's „Dahin, dahin!" vorbeklamirt, und so begeistert ich oftmals für mich in der Stille beim Nähen die Worte der Jungfrau von Orleans, von „der prächtig strö= menden Loire" wiederholt hatte: auf eine Reise für mich zu hoffen, eine Reise mir so nahe zu glauben, war mir niemals eingefallen. Es lag weit hinaus über Alles, was ich selbst von der Güte meiner Eltern erwarten konnte; es lag auch weit hinaus über die Ansprüche, welche man damals sogar in den Kreisen meiner wohlhabenderen Verwandten für die Töchter als berechtigt annahm, und ich wußte auf meines Vaters Frage auch Nichts zu sagen, als ihn und die Mutter strahlend vor Freude anzusehen.

Und freudestrahlend waren wir Alle drei. Der

Vater in dem Bewußtsein, mir ein so unverhofftes Glück
zu bereiten; die Mutter, deren ganze Liebesfülle und
Anmuth in solchen Augenblicken hell hervortrat, in der
Freude über mein glückliches Gesicht, und ich selbst —
ja mir war eigentlich zu Muthe, als solle ich nicht
nur ein Stück von der Welt sehen, sondern als schenke
der Vater mir die ganze Welt!

Und ein schön Stück Welt und Leben hat jene erste
Reise mir erschlossen, den Weg gebahnt hat sie mir
für alle Zukunft — wenn schon einen Weg, den weder
mein Vater noch ich damals für mich im Auge haben
konnten!

Im Hause begann nun reges Leben. Mein Vater
schenkte mir vierunddreißig Thaler, meine Ausrüstung
zu bestreiten. So viel hatte ich noch in meinem Leben
nicht besessen, und es dünkte mir, als lasse sich damit
eine Garderobe herstellen, die selbst in der Fremde sich
sehen lassen könne. Indeß ein einfaches grünes Mar-
cellinkleid, das erste farbig-seidene Kleid meines Lebens,
und dadurch eine wahre Errungenschaft, ein anderes Som-
merkleid, ein Reisehut, ein paar Morgenhauben, deren
Spitzen und rosa Bänder mir in meinen Augen einen
unwiderstehlich romantischen Anstrich gaben, einige
gestickte Kragen und neue Schuhe, hatten mein kolossales

Vermögen von vierundbreißig Thalern schnell erschöpft, und zu Hause begann banach ein Nähen und Schneidern der neuen Herrlichkeiten, ein Aufputzen und Zurecht=machen des vorhandenen Alten, daß man kaum zu Athem kam.

Für meine Geschwister war ich nun mit einemmale eine ganz neue Person geworden. Aber auch sie be=trachtete ich mit einer Art von Erstaunen, weil ich sie und die Mutter auf eine ungewisse Zeit verlassen sollte. Daß „wir Kinder", die wir uns immer nur als eine Einheit empfunden hatten, getrennt werden könnten, daß ich jetzt, jetzt gleich, fortgehen würde, war mir, nun es vor mir stand, eine völlig neue Vorstellung, so oft ich früher auch an meine Verheirathung mit Leopold gedacht hatte. Alle Voraussicht ist farblos gegen die Gewalt der Wirklichkeit und Gegenwart.

Wir waren Alle unbeschreiblich glücklich. Wir kamen uns ordentlich vornehmer vor als sonst, weil Eine von uns zum Vergnügen auf Reisen ging, und doch weinten wir, Mathilde und ich, und selbst die Brüder, so oft wir daran im Alleinsein dachten.

In der Familie gab es viel Rederei. Die kinder=losen Onkel und Tanten sahen in diesem Reiseplane nur einen neuen Akt der Verwöhnung, tie man mir

angedeihen ließ, bis sie auf den Gedanken kamen, mein
Vater habe die Aussicht, mich irgend wo an irgend
Jemanden zu verheirathen. Das lag in ihrem Gesichts=
kreise, sie sprachen es auch gegen mich aus, daß der Vater
wohl „eine Partie" für mich haben werde, und er=
mahnten mich dringend, nun endlich vom „hohen Pferde"
zu steigen, und wenn ein ordentlicher Mann mich haben
wolle, vernünftig zu heirathen ohne groß an Liebe zu
denken, die in der Ehe doch nicht wie im Brautstande
dauere. Man könne sich seinen Mann nicht bestellen
und nicht malen, und wer wie ich fünf Schwestern und
kein Vermögen habe, der müsse sehen, daß er aus dem
Hause und unter die Haube komme.

Vernünftig war das sehr, nur war ich für diese
Art von prosaischer Vernunft nicht eben sehr empfänglich,
und sie hatte keine andere Wirkung auf mich, als mich
in allen meinen Idealen zu bestärken, und mich noch
sehnsüchtiger zu machen nach einer Lebenssphäre, in der
ähnliche Gründe solcher Vernunft mir in ähnlicher
Weise nicht ausgesprochen werden konnten. Wie tausend=
fach die Unbildung das feinere Empfinden kränkt, davon
hat sie zu ihrem großen Glücke meist keine Ahnung.

Meine Schul= und Jugendfreundinnen waren anderer
Ansicht. Sie hatten nicht vergessen, daß unser Lehrer

mich einmal "die Verfasserin" genannt, und sie hatten auch meine schönen Polterabendgedichte nicht vergessen. Sie sagten mir, mein Vater nähme mich mit, weil ich Schriftstellerin werden sollte! Wie außerordentlich dies gegen meines Vaters damalige Wünsche für mich war, oder wie das eigentlich angefangen werden würde, mich zur Schriftstellerin zu machen, davon hatten sie freilich so wenig als ich selbst eine Ahnung.

Ich selbst schwamm in einem wahren Meer von Wonne! Alles entzückte mich: die neuen Kleider und die Abschiedsbesuche, mein Koffer und die Liebe meiner Geschwister, der Paß, auf dem mein Name neben dem des Vaters stand, und die unermüdliche Güte der Mutter, die immer neue Kleinigkeiten zu meiner Reise= ausstattung hinzuzufügen beflissen war. Von dem Ober= flächigsten zu dem Innerlichsten schwankte ich hin und her; aber über Allem leuchtete das Licht der goldigsten Hoffnungen. Was ich erwartete — ich hätte es keinem Menschen zu sagen gewußt. Aber ich war voller Er= wartung, und dieser Zustand kommt dem reinen Glück am nächsten.

Im Fluge vergingen die Tage bis zu unserer Ab= reise. Wie wir zu Hause Abschied nahmen, wie wir nach der Post fuhren, das beschreibt sich nicht. Aber eben so wenig beschreiben sich die Seligkeit und der Stolz, mit denen ich in dem Cabriolet der Schnellpost an des geliebten Vaters Seite durch die Straßen fuhr. Dies Vergnügen, alle die Bekannten zu grüßen! Dies Vergnügen, den grünen Schleier meines Strohhutes durch den hellen Morgen des sechszehnten April hinflattern zu sehen!

Und nun wieder Thränen, als ich die Mutter und die Brüder und all die guten Kinder weinend auf dem Wolme, und die Commis, die Küfer und die Arbeiter grüßend vor den Kellern stehen sah! Und dann der Triumph, an den Häusern der beiden Tanten vorbei zu fahren, die mich durchaus verheirathen wollten, und mir dabei zu sagen: ich heirathe doch nicht, und niemals, wenn ich es nicht will!

Dann noch ein Blick auf den Pregel und seine Schiffe, auf die Häuser der Vorstadt, auf die alte Haberberger Kirche, auf die Pumpe mit dem kleinen geschnitzten, bunt angemalten Figürchen des Hans von Sagan, des heldenmüthigen Schusters, der einst Königsberg gegen die Polen vertheidigt — und nun hinaus zum Thor, auf die lange, lange, unabsehbare Chaussee — die überall hinführte!

Und ich hatte zum ersten Male Königsberg und
das Vaterhaus verlassen.

Mein Vater gab mir die Hand. „Nun Fanny!“
sagte er. Ich küßte ihm die Hand, und er selbst führte
mich hinaus in die Welt, hinaus in das Leben, das
mich auf den weitesten Wegen hinbringen sollte, an ein
mich beglückendes Ziel.